— 3. Τοῦ καὶ ὀδόντων μὲν καναχὴ πέλε· τὼ δέ οἱ ὄσσε
λαμπέσθην, ὡσεί τε πυρὸς σέλας·.........

Achille grince des dents; ses yeux brillent comme l'éclat du feu.

Tel est Turnus, lorsque, s'armant de sa lance, il se prépare à combattre :

> Ilis agitur furiis, totoque ardentis ab ore
> Scintillæ absistunt; oculis micat acribus ignis.
>
> <div align="right">(Virg., <i>Énéide</i>, XII, 101.)</div>

Page 50 : 1. Ξάνθε τε καὶ Βάλιε,.............

Mézence parle ainsi à son coursier Rhébus :

> « Rhœbe, diu, res si qua diu mortalibus ulla
> Viximus : aut hodie victor spolia illa cruenta
> Et caput Æneæ referes, Lausique dolorum
> Ultor eris mecum; aut, aperit si nulla viam vis,
> Occumbes pariter : neque enim, fortissime, credo
> Jussa aliena pati, et dominos diguabere Teucros. »
>
> <div align="right">(Virg., <i>Énéide</i>, X, 861.)</div>

— 2. Ἕωμεν, ép. pour ὧμεν, 1ᵉ pers. pl. du subj. aor. 2 act. de ἵημι, est pris ici dans un sens intransitif. Quelques grammairiens écrivent ἑῶμεν, et le dérivent d'un primitif ἕω, synon. de πληρόω; il serait alors au subj. de l'aor. 2 passif. Selon Buttmann, il faut écrire ἐπεί κ' ἕωμεν, et alors ἕωμεν serait le prés. du subj. de ἄω, *rassasier*, propr. ἄωμεν.

ARGUMENT ANALYTIQUE

DU VINGTIÈME CHANT DE L'ILIADE.

———

Jupiter convoque les dieux, qui tous se rendent à l'assemblée. —
D'après l'ordre de Jupiter, les dieux descendent dans les plaines de
Troie pour soutenir les deux armées. — Junon, Mercure, Neptune,
Minerve, Vulcain, se rangent du côté des Grecs; Mars, Apollon, Diane,
Latone, le Xanthe, Vénus, du côté des Troyens. — Apollon excite
Énée contre Achille. — Réponse d'Énée. — Sur l'avis de Neptune, les
dieux se tiennent éloignés du combat. — Énée et Achille se provoquent
et fondent l'un sur l'autre. — Énée est sur le point de périr; mais,
destiné à régner un jour sur les débris de la nation troyenne, il est se-
couru par Neptune, qui répand un nuage épais sur les yeux d'Achille.
— Nouvelle ardeur d'Achille qui s'élance au combat. — Il ranime ses
guerriers. — Hector de son côté exhorte les Troyens. — Au moment
où il va attaquer Achille, il est rappelé par Apollon. — Hector rentre
dans la foule. — Achille immole Polydore, fils de Priam. — Hector
veut venger la mort de son frère; il vient se mesurer avec Achille.
— Apollon dérobe le héros troyen au milieu d'un nuage. — Achille,
irrité de ne pouvoir atteindre son ennemi, attaque les autres Troyens
et fait un carnage affreux.

ΟΜΗΡΟΥ

ΙΛΙΑΔΟΣ

ΡΑΨΩΔΙΑ Υ.

—•••—

ΘΕΟΜΑΧΙΑ.

Ὣς οἱ μὲν παρὰ νηυσὶ κορωνίσι θωρήσσοντο
ἀμφὶ σὲ, Πηλέος υἱὲ, μάχης ἀκόρητον, Ἀχαιοί·
Τρῶες δ' αὖθ' ἑτέρωθεν ἐπὶ θρωσμῷ πεδίοιο.
Ζεὺς δὲ Θέμιστα κέλευσε θεοὺς ἀγορήνδε καλέσσαι
κρατὸς ἀπ' Οὐλύμποιο πολυπτύχου· ἡ δ' ἄρα πάντη   5
φοιτήσασα κέλευσε Διὸς πρὸς δῶμα νέεσθαι.
Οὔτε τις οὖν Ποταμῶν ἀπέην, νόσφ' Ὠκεανοῖο,
οὔτ' ἄρα Νυμφάων, αἵτ' ἄλσεα καλὰ νέμονται,
καὶ πηγὰς ποταμῶν καὶ πίσεα ποιήεντα.
Ἐλθόντες δ' ἐς δῶμα Διὸς νεφεληγερέταο,   10
ξεστῆς αἰθούσῃσιν ἐφίζανον, ἃς Διὶ πατρὶ
Ἥφαιστος ποίησεν ἰδυίῃσι πραπίδεσσιν.

C'est ainsi qu'auprès de leurs navires recourbés les Achéens s'armaient autour de toi, fils de Pélée, héros insatiable de combat; les Troyens, de leur côté, se rangeaient sur les hauteurs qui dominent la plaine.

Du sommet de l'Olympe aux nombreux vallons, Jupiter ordonne à Thémis de convoquer l'assemblée des immortels. La déesse vole de toutes parts et appelle les dieux au palais de Jupiter. Aucun des Fleuves, excepté l'Océan, aucune des Nymphes qui habitent ou les délicieuses forêts ou les sources des rivières ou les prairies verdoyantes, ne manque à cette réunion. Arrivés aux demeures de Jupiter qui assemble les nuages, les dieux prennent place dans de superbes portiques que l'industrieux et habile Vulcain avait construits pour son redoutable père. C'est ainsi qu'ils sont tous réunis dans le

L'ILIADE
D'HOMÈRE.

CHANT XX.

COMBAT-DES-DIEUX.

Ὣς οἱ Ἀχαιοὶ μὲν
παρὰ νηυσὶ κορωνίσι
θωρήσσοντο ἀμφὶ σέ,
υἱὲ Πηλέος,
ἀκόρητον μάχης·
αὖτε δὲ ἑτέρωθεν Τρῶες
ἐπὶ θρωσμῷ
πεδίοιο.
Ζεὺς δὲ κέλευσε Θέμιστα
καλέσσαι θεοὺς ἀγορήνδε
ἀπὸ κρατὸς Οὐλύμποιο
πολυπτύχου·
ἡ δὲ ἄρα
φοιτήσασα πάντη
κέλευσε νέεσθαι
πρὸς δῶμα Διός.
Οὔτε τις Ποταμῶν οὖν
ἀπέην, νόσφιν Ὠκεανοῖο,
οὔτε ἄρα Νυμφάων,
αἵτε νέμονται καλὰ ἄλσεα,
καὶ πηγὰς ποταμῶν,
καὶ πίσεα ποιήεντα.
Ἐλθόντες δὲ ἐς δῶμα
Διὸς νεφεληγερέταο,
ἐφίζανον αἰθούσῃσι ξεστῇς,
ἃς Ἥφαιστος ποίησε
πραπίδεσσιν ἰδυίῃσι
Διὶ πατρί.

Ainsi les Achéens à la vérité
auprès des vaisseaux recourbés
s'armaient autour de toi,
fils de Pélée,
de toi insatiable de combat ;
et aussi d'un-autre-côté les Troyens
s'armaient sur la hauteur
de la plaine.
Or Jupiter ordonna à Thémis
d'appeler les dieux à-l'assemblée
du sommet de l'Olympe
aux-nombreux-vallons ;
et celle-ci donc
étant allée de-tous-côtés
leur ordonna d'aller
vers la demeure de Jupiter.
Ni aucun des Fleuves donc
était-absent, excepté l'Océan,
ni donc *aucune* des Nymphes,
qui habitent de belles forêts,
et les sources des fleuves,
et des prairies verdoyantes.
Or étant venus à la demeure
de Jupiter qui-assemble-les-nuages,
ils s'assirent dans des portiques polis,
que Vulcain fit (avait faits)
avec un génie savant
pour Jupiter *son* père.

Ὡς οἱ μὲν Διὸς ἔνδον ἀγηγέρατ'· οὐδ' Ἐνοσίχθων
νηκούστησε θεᾶς, ἀλλ' ἐξ ἁλὸς ἦλθε μετ' αὐτούς.
Ἷζε δ' ἄρ' ἐν μέσσοισι, Διὸς δ' ἐξείρετο βουλήν·   15

    « Τίπτ' αὖτ', Ἀργικέραυνε, θεοὺς ἀγορήνδε κάλεσσας;
Ἦ τι περὶ Τρώων καὶ Ἀχαιῶν μερμηρίζεις;
Τῶν γὰρ νῦν ἄγχιστα μάχη πόλεμός τε δέδηε. »

    Τὸν δ' ἀπαμειβόμενος προσέφη νεφεληγερέτα Ζεύς·
« Ἔγνως, Ἐννοσίγαιε, ἐμὴν ἐν στήθεσι βουλήν,   20
ὧν ἕνεκα ξυνάγειρα· μέλουσί μοι, ὀλλύμενοί περ.
Ἀλλ' ἤτοι μὲν ἐγὼ μενέω πτυχὶ Οὐλύμποιο
ἥμενος, ἔνθ' ὁρόων φρένα τέρψομαι· οἱ δὲ δὴ ἄλλοι
ἔρχεσθ', ὄφρ' ἂν ἵκησθε μετὰ Τρῶας καὶ Ἀχαιούς·
ἀμφοτέροισι δ' ἀρήγεθ', ὅπη νόος ἐστὶν ἑκάστου.   25
Εἰ γὰρ Ἀχιλλεὺς οἶος ἐπὶ Τρώεσσι μαχεῖται,
οὐδὲ μίνυνθ' ἕξουσι ποδώκεα Πηλείωνα.

palais de Jupiter. Le dieu qui ébranle la terre n'est point sourd à la
voix de Thémis; mais, sortant du sein des ondes, il arrive aussitôt,
s'assied au milieu des immortels, et s'informe des desseins de Jupiter :

    « O toi qui lances la foudre, pourquoi viens-tu de convoquer en-
core l'assemblée des dieux? Médites-tu sur le sort des Troyens et des
Grecs? Car la guerre et les combats vont se rallumer bientôt entre
ces deux peuples. »

    Jupiter, qui assemble les nuages, lui répond :

    « Dieu qui ébranles la terre, tu connais mes desseins; tu sais
pourquoi je vous ai rassemblés ici : ces peuples, même au jour de
leur ruine, sont encore l'objet de mes soins. Moi, je resterai assis au
sommet de l'Olympe, d'où mes yeux et mon cœur pourront jouir du
spectacle des combats. Vous, immortels, descendez au milieu des
Troyens et des Grecs, et, selon vos désirs, portez secours à l'une ou
l'autre armée. Si Achille, même seul, attaque les Troyens, ils ne soutiendront pas un instant le choc impétueux du fils de Pélée. Déjà

Ὣς οἱ μὲν
ἠγηγέρατο
ἔνδον Διός·
Ἐνοσίχθων δὲ
οὐ νηκούστησε θεᾶς,
ἀλλὰ ἦλθεν ἐξ ἁλὸς μετὰ αὐτούς.
Ἷζε δὲ ἄρα ἐν μέσσοισιν,
ἐξείρετο δὲ
βουλὴν Διός·
« Τίπτε καλέσσα; αὖτε
θεοὺς ἀγορήνδε,
Ἀργικέραυνε ;
Ἦ μερμηρίζεις τι
περὶ Τρώων καὶ Ἀχαιῶν;
Μάχη γὰρ πόλεμός τε τῶν
δέδης νῦν
ἄγχιστα. »
Ζεὺς δὲ νεφεληγερέτα
ἀπαμειβόμενος προσέφη τόν·
« Ἐννοσίγαιε,
ἔγνως ἐμὴν βουλὴν
ἐν στήθεσιν,
ὧν ἕνεκα
ξυνάγειρα·
μέλουσί μοι,
ὀλλύμενοί περ.
Ἀλλὰ ἐγὼ ἤτοι μὲν
μενέω ἥμενος,
πτυχὶ Οὐλύμποιο,
ἔνθα ὁρόων
τέρψομαι φρένα·
οἱ δὲ δὴ ἄλλοι ἔρχεσθε,
ὄφρα ἂν ἴκησθε
μετὰ Τρῶας καὶ Ἀχαιούς·
ἀρήγετε δὲ ἀμφοτέροισιν,
ὅπη ἐστὶ νόος ἑκάστου.
Εἰ γὰρ Ἀχιλλεὺς μαχεῖται οἶος
ἐπὶ Τρώεσσιν,
οὐδὲ ἕξουσι μίνυνθα
Πηλείωνα ποδώκεα.

Ainsi ceux-ci à la vérité
se réunissaient
dans-la-demeure de Jupiter;
et le dieu qui-ébranle-la-terre
ne désobéit pas à la déesse,
mais il vint de la mer vers eux.
Et donc il s'assit au milieu d'eux,
et il s'informait
de la volonté de Jupiter : [veau
« Pourquoi as-tu appelé de nou-
les dieux à-l'assemblée,
toi qui-lances-la-foudre-brillante ?
Est-ce-que tu agites quelque chose
touchant les Troyens et les Achéens ?
Car la guerre et le combat d'eux
sont allumés maintenant
de-très-près. »
Et Jupiter qui-assemble-les-nuages
répondant dit-à lui :
« Toi qui-ébranles-la-terre,
tu as connu (connais) mon dessein
dans ma poitrine,
tu sais pour quelles choses
je vous ai réunis ;
ils sont-à-soin à moi,
quoique périssant.
Mais moi certes à la vérité
je resterai assis
sur une anfractuosité de l'Olympe,
où regardant
je me réjouirai dans mon cœur;
mais vous autres partez,
afin que vous alliez
auprès des Troyens et des Achéens;
et secourez les-uns-et-les-autres,
selon qu'est l'intention de chacun.
Car si Achille combat seul
contre les Troyens,
ils ne soutiendront pas même un peu
le fils-de-Pélée aux-pieds-rapides.

Καὶ δέ τέ μιν καὶ πρόσθεν ὑπητρομέεσχον ὁρῶντες·
νῦν δ', ὅτε δὴ καὶ θυμὸν ἑταίρου χώεται αἰνῶς,
δείδω μὴ καὶ τεῖχος ὑπέρμορον ἐξαλαπάξῃ. »

Ὣς ἔφατο Κρονίδης, πόλεμον δ' ἀλίαστον ἔγειρε.
Βὰν δ' ἴμεναι πόλεμόνδε θεοί, δίχα θυμὸν ἔχοντες·
Ἥρη μὲν μετ' ἀγῶνα νεῶν καὶ Παλλὰς Ἀθήνη,
ἠδὲ Ποσειδάων γαιήοχος, ἠδ' ἐριούνης
Ἑρμείας, ὃς ἐπὶ φρεσὶ πευκαλίμῃσι κέκασται·   35
Ἥφαιστος δ' ἅμα τοῖσι κίε, σθένεϊ βλεμεαίνων,
χωλεύων, ὑπὸ δὲ κνῆμαι ῥώοντο ἀραιαί.
Ἐς δὲ Τρῶας Ἄρης κορυθαίολος· αὐτὰρ ἅμ' αὐτῷ
Φοῖβος ἀκερσεκόμης ἠδ' Ἄρτεμις ἰοχέαιρα,
Λητώ τε Ξάνθος τε, φιλομμειδής τ' Ἀφροδίτη.   40

Εἷως μὲν ῥ' ἀπάνευθε θεοὶ θνητῶν ἔσαν ἀνδρῶν,
τέως Ἀχαιοὶ μὲν μέγα κύδανον, οὕνεχ' Ἀχιλλεὺς
ἐξεφάνη, δηρὸν δὲ μάχης ἐπέπαυτ' ἀλεγεινῆς·

même auparavant ils tremblaient à sa vue ; et maintenant que dans
son âme il est vivement irrité de la mort d'un fidèle ami, je crains
qu'il ne renverse les remparts d'Ilion malgré l'arrêt du destin. »

Ainsi parle le fils de Saturne, et son discours ranime l'ardeur
d'une guerre effroyable. Les dieux volent au combat, le cœur animé
de sentimens divers. Près de la flotte se rendent Junon, Minerve,
Neptune qui entoure la terre, et le bienfaisant Mercure, dont l'esprit est doué de prudence. Vulcain, fier de sa puissance, les accom-
pagne en boitant, et ses jambes grêles se meuvent avec effort. Du
côté des Troyens on voit Mars au casque étincelant, Phébus à la
longue chevelure, Diane qui se plaît à lancer des flèches, Latone, le
Xanthe et Vénus au gracieux sourire.

Avant que les dieux se fussent approchés des mortels, les Grecs
étaient transportés d'allégresse : Achille venait de reparaître, lui qui
depuis longtemps n'avait point pris part aux luttes sanglantes. Quant

Καὶ δέ τε καὶ πρόσθεν	Et même aussi auparavant
ὑποτρομέεσκον ὁρῶντές μιν·	ils tremblaient en voyant lui ;
νῦν δὲ, ὅτε δὴ καὶ	et maintenant, lorsque déjà encore
χώεται αἰνῶς θυμὸν	il est irrité vivement dans son cœur
ἑταίρου,	à cause de son compagnon,
δείδω	je crains
μὴ καὶ ἐξαλαπάξῃ τεῖχος	que même il ne renverse la muraille
ὑπέρμορον. »	contre-le-destin. »
Κρονίδης ἔρατο ὣς,	Le fils-de-Saturne dit ainsi,
ἔγειρε δὲ πόλεμον ἀλίαστον.	et excita un combat immense.
Θεοὶ δὲ βὰν ἴμεναι	Or les dieux partirent pour aller
πόλεμόνδε,	au-combat, [sentiments divers';
ἔχοντες θυμὸν δίχα·	ayant le cœur de-deux-côtés (avec des
Ἥρη μὲν	Junon à la vérité
μετὰ ἀγῶνα νεῶν	alla vers la station des vaisseaux
καὶ Πάλλας Ἀθήνη,	ainsi-que Pallas Minerve,
ἠδὲ Ποσειδάων γαιήοχος,	et Neptune qui-entoure-la-terre,
ἠδὲ Ἑρμείας ἐριούνης,	et Mercure qui-sert-beaucoup,
ὃς ἐπικέκασται	lequel est orné
φρεσὶ πευκαλίμῃσιν·	d'un esprit prudent ;
Ἥφαιστος δὲ κίεν ἅμα τοῖσι,	et Vulcain allait avec eux,
βλεμεαίνων σθένει,	étant-fier de sa force,
χωλεύων,	boitant,
κνῆμαι δὲ ἀραιαὶ	et ses jambes faibles
ὑποροώοντο.	se mouvaient-avec-effort-sous lui.
Ἄρης δὲ κορυθαίολος	Et Mars au-casque-varié
ἐς Τρῶας·	allait vers les Troyens ;
αὐτὰρ ἅμα αὐτῷ	et en-même-temps-que lui
Φοῖβος ἀκερσεκόμης	Phébus à-la-longue-chevelure
ἠδὲ Ἄρτεμις ἰοχέαιρα,	et Diane qui-se-réjouit-des-flèches,
Λητώ τε Ξάνθος τε,	et Latone et le Xanthe,
Ἀφροδίτη τε φιλομμειδής.	et Vénus qui-aime-le-rire.
Εἵως ῥα μὲν θεοὶ	Tant que donc à la vérité les dieux
ἔσαν ἀπάνευθεν ἀνδρῶν θνητῶν,	étaient loin des hommes mortels,
τέως μὲν	aussi-longtemps à la vérité
Ἀχαιοὶ	les Achéens
κύδανον μέγα,	étaient-fiers grandement,
οὕνεκα Ἀχιλλεὺς ἐξεφάνη,	parce qu'Achille avait paru,
ἀπέπαυτο δὲ δηρὸν	car il avait cessé depuis-longtemps
μάχης ἀλεγεινῆς·	le combat affligeant ;

Τρῶας δὲ τρόμος αἰνὸς ὑπήλυθε γυῖα ἕκαστον,
δειδιότας, ὅθ' ὁρῶντο ποδώκεα Πηλείωνα   45
τεύχεσι λαμπόμενον, βροτολοιγῷ ἶσον Ἄρηϊ.
Αὐτὰρ ἐπεὶ μεθ' ὅμιλον Ὀλύμπιοι ἤλυθον ἀνδρῶν,
ὦρτο δ' Ἔρις κρατερή, λαοσσόος· αὖε δ' Ἀθήνη,
στᾶσ' ὁτὲ μὲν παρὰ τάφρον ὀρυκτὴν τείχεος ἐκτὸς,
ἄλλοτ' ἐπ' ἀκτάων ἐριδούπων μακρὸν ἀΰτει.   50
Αὖε δ' Ἄρης ἑτέρωθεν, ἐρεμνῇ λαίλαπι ἶσος,
ὀξὺ κατ' ἀκροτάτης πόλιος Τρώεσσι κελεύων,
ἄλλοτε πὰρ Σιμόεντι θέων ἐπὶ Καλλικολώνῃ.
  Ὣς τοὺς ἀμφοτέρους μάκαρες θεοὶ ὀτρύνοντες
σύμβαλον, ἐν δ' αὐτοῖς ἔριδα ῥήγνυντο βαρεῖαν.   55
Δεινὸν δὲ βρόντησε πατὴρ ἀνδρῶν τε θεῶν τε
ὑψόθεν· αὐτὰρ ἔνερθε Ποσειδάων ἐτίναξε
γαῖαν ἀπειρεσίην ὀρέων τ' αἰπεινὰ κάρηνα.
Πάντες δ' ἐσσείοντο πόδες πολυπίδακος Ἴδης,
καὶ κορυφαί, Τρώων τε πόλις καὶ νῆες Ἀχαιῶν.   60

aux Troyens, une terreur profonde avait glacé leurs membres; ils tremblaient à la vue du fils impétueux de Pélée, resplendissant sous son armure, et pareil à Mars, fléau des mortels. Mais à peine les dieux de l'Olympe se sont-ils mêlés à la foule des combattants, que soudain se lève la sombre Discorde, qui pousse les peuples au combat; Minerve, debout sur les bords du fossé en dehors du rempart, fait entendre sa voix; ou bien, sur les rivages retentissants, elle jette d'horribles clameurs. De l'autre côté, Mars, semblable à la sombre tempête, exhorte les Troyens à grands cris, tantôt en se plaçant au sommet de la ville, tantôt en parcourant le Callicoloné près des rives du Simoïs.

C'est ainsi que les dieux fortunés, excitant les deux armées l'une contre l'autre, les mettent aux prises et soulèvent parmi les combattants une lutte acharnée. Le père des dieux et des hommes fait retentir, du haut des airs, son tonnerre redoutable; et Neptune ébranle les vastes profondeurs de la terre et les sommets élevés des montagnes. Les fondements de l'Ida aux sources nombreuses, les hautes cimes des monts, la ville et les vaisseaux des Achéens, tout s'agite et

τρόμος δὲ αἰνὸς	et un frisson violent
ὑπήλυθε γυῖα ἕκαστον Τρῶας,	pénétra-dans les membres à chacun aux Troyens,
δειδιότας, ὅτι ὁρῶντο	craignant, parce qu'ils voyaient
Πηλείωνα ποδώκεα	le fils-de-Pélée aux-pieds-rapides
λαμπόμενον τεύχεσιν,	brillant par les armes,
ἶσον Ἄρηϊ βροτολοιγῷ.	pareil à Mars fléau-des-mortels.
Αὐτὰρ ἐπεὶ Ὀλύμπιοι ἤλυθον	Mais lorsque les *dieux* de-l'Olympe furent venus
μετὰ ὅμιλον ἀνδρῶν,	dans la foule des hommes,
ὦρτο δὲ Ἔρις κρατερὴ, λαοσσόος·	alors se leva la Discorde terrible, qui-soulève-le-peuple ;
Ἀθήνη δὲ αὖε,	et Minerve criait,
στᾶσα ὁτὲ μὲν ἐκτὸς τείχεος	se tenant tantôt en dehors du mur
παρὰ τάφρον ὀρυκτὴν,	auprès du fossé creusé,
ἄλλοτε ἀΰτει μακρὸν	tantôt elle vociférait longuement
ἐπ᾽ ἀκτάων ἐριδούπων.	sur les rivages retentissants.
Ἄρης δὲ ἑτέρωθεν αὖεν,	Et Mars d'un-autre-côté criait,
ἶσος λαίλαπι ἐρεμνῇ,	pareil à la tempête sombre,
κελεύων Τρώεσσιν ὀξὺ	donnant-des-ordres aux Troyens d'une-voix-perçante
κατὰ ἀκροτάτης πόλιος,	du sommet-de la ville,
ἄλλοτε θέων	quelquefois courant
ἐπὶ Καλλικολώνῃ πὰρ Σιμόεντι.	sur le Callicoloné près du Simoïs.
Ὣς θεοὶ μάκαρες	Ainsi les dieux fortunés
ὀτρύνοντες τοὺς ἀμφοτέρους σύμβαλον,	excitant les deux *armées* les mirent-aux-prises,
ῥήγνυντο δὲ ἐν αὐτοῖς ἔριδα βαρεῖαν.	et ils faisaient-éclater parmi eux une dispute terrible.
Πατὴρ δὲ ἀνδρῶν τε θεῶν τε	Or le père et des hommes et des dieux
βρόντησε δεινὸν ὑψόθεν·	tonna terriblement d'en-haut ;
αὐτὰρ ἔνερθε Ποσειδάων	et en-dessous Neptune
ἐτίναξε γαῖαν ἀπειρεσίην	agita la terre immense
κάρηνά τε αἰπεινὰ ὀρέων.	et les sommets élevés des montagnes.
Πάντες δὲ πόδες	Et tous les pieds (fondements)
Ἴδης πολυπίδακος ἐσσείοντο,	de l'Ida abondant-en-sources étaient ébranlés,
καὶ κορυφαὶ	ainsi-que *toutes* les cimes
πόλις τε Τρώων	et la ville des Troyens
καὶ νῆες Ἀχαιῶν.	et les vaisseaux des Achéens.

1.

Ἔδδεισεν δ' ὑπένερθεν ἄναξ ἐνέρων, Ἀϊδωνεύς,
δείσας δ' ἐκ θρόνου ἄλτο, καὶ ἴαχε, μή οἱ ὕπερθε
γαῖαν ἀναῤῥήξειε Ποσειδάων ἐνοσίχθων,
οἰκία δὲ θνητοῖσι καὶ ἀθανάτοισι φανείη
σμερδαλέ', εὐρώεντα, τάτε στυγέουσι θεοί περ.   65
Τόσσος ἄρα κτύπος ὦρτο, θεῶν ἔριδι ξυνιόντων.
Ἤτοι μὲν γὰρ ἔναντα Ποσειδάωνος ἄνακτος
ἵστατ' Ἀπόλλων Φοῖβος, ἔχων ἰὰ πτερόεντα·
ἄντα δ' Ἐνυαλίοιο θεὰ γλαυκῶπις Ἀθήνη·
Ἥρῃ δ' ἀντέστη χρυσηλάκατος, κελαδεινὴ,   70
Ἄρτεμις ἰοχέαιρα, κασιγνήτη Ἑκάτοιο·
Λητοῖ δ' ἀντέστη σῶκος, ἐριούνιος Ἑρμῆς·
ἄντα δ' ἄρ' Ἡφαίστοιο μέγας Ποταμὸς βαθυδίνης,
ὃν Ξάνθον καλέουσι θεοί, ἄνδρες δὲ Σκάμανδρον.
Ὣς οἱ μὲν θεοὶ ἄντα θεῶν ἴσαν· αὐτὰρ Ἀχιλλεὺς   75
Ἕκτορος ἄντα μάλιστα λιλαίετο δῦναι ὅμιλον
Πριαμίδεω· τοῦ γάρ ῥα μάλιστά ἑ θυμὸς ἀνώγει
αἵματος ἆσαι Ἄρηα, ταλαύρινον πολεμιστήν.

s'ébranle. Le roi des enfers, Pluton, frémit jusque dans ses demeures souterraines; rempli d'épouvante, il s'élance de son trône et jette un cri d'effroi; il tremble que le formidable Neptune n'entr'ouvre les abimes de la terre, et ne découvre aux yeux des hommes et des dieux ces affreuses et redoutables demeures dont les immortels eux-mêmes ont horreur. Tel est le fracas que fait naître la lutte des dieux. Contre le puissant Neptune s'avance le brillant Apollon, qui tient ses flèches ailées; contre Mars s'avance Minerve, la déesse aux yeux d'azur; à Junon s'oppose la sœur d'Apollon, la bruyante Diane à l'arc d'or, la déesse qui se plait à lancer des flèches; à Latone, le puissant et sage Mercure; contre Vulcain combat le grand Fleuve aux vastes tourbillons, que les dieux appellent Xanthe et que les humains nomment Scamandre.

Ainsi les dieux marchent ennemis des dieux. Achille est impatient de pénétrer au sein de la mêlée pour combattre Hector, fils de Priam; animé par la vengeance, il veut rassasier Mars, l'invincible guerrier,

Ἀϊδωνεὺς δὲ, ἄναξ ἐνέρων,
Et Pluton, roi des enfers,

ἔδδεισεν ὑπένερθε,
craignit en-dessous,

δείσας δὲ ἄλτο ἐκ θρόνου,
et ayant craint il sauta de son trône,

καὶ ἴαχε,
et il cria,

μὴ Ποσειδάων
de peur que Neptune

ἐνοσίχθων
qui-ébranle-la-terre

ἀναρρήξειεν οἱ γαῖαν ὕπερθεν,
n'entr'ouvrît à lui la terre en-dessus,

οἰκία δὲ σμερδαλέα,
et que les demeures horribles,

εὐρώεντα,
affreuses,

τάτε θεοί περ στυγέουσι,
dont les dieux même ont-horreur,

φανείη
ne fussent montrées

θνητοῖσι καὶ ἀθανάτοισι.
aux mortels et aux immortels.

Τόσσος κτύπος ἄρα ὦρτο,
Un tel bruit donc s'éleva,

θεῶν ξυνιόντων
les dieux s'étant rencontrés

ἔριδι.
dans une querelle.

Ἤτοι μὲν γὰρ
Car certes à la vérité

Φοῖβος Ἀπόλλων ἵστατο
Phébus Apollon se tenait

ἔναντα ἄνακτος Ποσειδάωνος,
en-face du souverain Neptune,

ἔχων ἰὰ πτερόεντα·
ayant des flèches ailées;

Ἀθήνη δὲ θεὰ γλαυκῶπις
et Minerve déesse aux-yeux-d'azur

ἄντα Ἐνυαλίοιο·
se tenait en-face d'Ényalius;

Ἄρτεμις δὲ ἰοχέαιρα,
et Diane qui-se-réjouit-des-flèches,

κασιγνήτη Ἑκάτοιο,
sœur du dieu qui-frappe-au-loin,

χρυσηλάκατος, κελαδεινή,
à-l'arc-d'or, bruyante,

ἀντέστη Ἥρη·
se tint-contre Junon;

Ἑρμῆς δὲ σῶκος,
et Mercure puissant,

ἐριούνιος,
qui-sert-beaucoup,

ἀντέστη Λητοῖ·
se tint-contre Latone;

μέγας δὲ ἄρα Ποταμὸς
et donc le grand Fleuve

βαθυδίνης,
aux-gouffres-profonds,

ὃν θεοὶ καλέουσι Ξάνθον,
que les dieux appellent Xanthe,

ἄνδρες δὲ Σκάμανδρον,
et les hommes Scamandre,

ἄντα Ἡφαίστοιο.
se tint en-face de Vulcain.

Ὣς οἱ θεοὶ μὲν
Ainsi les dieux à la vérité

ἴσαν ἄντα θεῶν·
allèrent contre les dieux;

αὐτὰρ Ἀχιλλεὺς λιλαίετο μάλιστα
mais Achille désirait surtout

δῦναι ὅμιλον
pénétrer dans la foule

ἔντα Ἕκτορος Πριαμίδεω·
en-face d'Hector fils-de-Priam;

θυμὸς γάρ ἑα μάλιστα ἀνώγει ἑ
car son cœur certes engageait lui

ἆσαι αἵματος τοῦ
à rassasier du sang de celui-ci

Αἰνείαν δ᾽ ἰθὺς λαοσσόος ὦρσεν Ἀπόλλων
ἀντία Πηλείωνος, ἐνῆκε δέ οἱ μένος ἠΰ·   80
υἱέϊ δὲ Πριάμοιο Λυκάονι εἴσατο φωνήν·
τῷ μιν ἐεισάμενος προσέφη Διὸς υἱὸς Ἀπόλλων·

« Αἰνεία, Τρώων βουληφόρε, ποῦ τοι ἀπειλαί,
ἃς Τρώων βασιλεῦσιν ὑπέσχεο οἰνοποτάζων,
Πηλείδεω Ἀχιλῆος ἐναντίβιον πολεμίζειν; »   85

Τὸν δ᾽ αὖτ᾽ Αἰνείας ἀπαμειβόμενος προσέειπε·

« Πριαμίδη, τί με ταῦτα καὶ οὐκ ἐθέλοντα κελεύεις,
ἀντία Πηλείωνος ὑπερθύμοιο μάχεσθαι;
Οὐ μὲν γὰρ νῦν πρῶτα ποδώκεος ἄντ᾽ Ἀχιλῆος
στήσομαι, ἀλλ᾽ ἤδη με καὶ ἄλλοτε δουρὶ φόβησεν   90
ἐξ Ἴδης, ὅτε βουσὶν ἐπήλυθεν ἡμετέρῃσι,
πέρσε δὲ Λυρνησὸν καὶ Πήδασον· αὐτὰρ ἐμὲ Ζεὺς
εἰρύσαθ᾽, ὅς μοι ἐπῶρσε μένος λαιψηρά τε γοῦνα.
Ἦ κ᾽ ἐδάμην ὑπὸ χερσὶν Ἀχιλλῆος καὶ Ἀθήνης,
ἥ οἱ πρόσθεν ἰοῦσα τίθει φάος, ἠδ᾽ ἐκέλευεν   95

du sang de ce héros. Apollon, qui ranime le courage des peuples,
excite Énée à marcher contre le fils de Pélée et lui inspire une généreuse ardeur. Il emprunte la voix de Lycaon, fils de Priam, et, sous
les traits de ce guerrier, Apollon, fils de Jupiter, lui adresse ces mots :

« Énée, conseiller des Troyens, que sont devenues ces menaces
que tu proférais en présence des chefs des Troyens au milieu des fes-
tins? Ne devais-tu pas marcher au combat contre Achille, fils de
Pélée ? »

Énée lui répond aussitôt :

« Fils de Priam, pourquoi m'exciter à combattre malgré moi le magnanime fils de Pélée ? Ce ne serait pas la première fois que je me trou-
verais en face de l'impétueux Achille ; déjà, armé de sa lance, ce guerrier me força de quitter le mont Ida, lorsqu'il fondit sur nos troupeaux
et qu'il ravagea Lyrnesse et Pédase ; Jupiter me sauva en donnant à mes
membres la force et l'agilité. Sans ce secours divin, j'aurais succombé
sous les coups d'Achille et de Minerve, qui marchait devant lui pour

Ἄρηα, πολεμιστὴν ταλαύρινον.
Ἀπόλλων δὲ λαοσσόος
ὦρσεν Αἰνείαν ἰθὺς
ἀντία Πηλείωνος,
ἐνῆκε δὲ οἱ μένος ἠύ·
εἴσατο δὲ φωνὴν
Λυκάονι υἱεῖ Πριάμοιο·
ἐεισάμενος τῷ
Ἀπόλλων υἱὸς Διὸς
προσέφη μιν·

« Αἰνεία, βουληφόρε Τρώων,
ποῦ τοι ἀπειλαὶ,
ἃς ὑπίσχεο
οἰνοποτάζων
βασιλεῦσι Τρώων,
πολεμίζειν ἐναντίβιον Ἀχιλῆος
Πηλείδεω ; »

Αὐτε δὲ Αἰνείας ἀπαμειβόμενος
προσέειπε τόν·

« Πριαμίδη,
τί κελεύεις ταῦτά
με καὶ οὐκ ἐθέλοντα,
μάχεσθαι
ἀντία ὑπερθύμοιο Πηλείωνος; ;
Οὐ μὲν γὰρ στήσομαι
νῦν πρῶτα
ἄντα Ἀχιλῆος ποδώκεος,
ἀλλὰ ἤδη καὶ ἄλλοτε
φόβησέ με ἐξ Ἴδης
δουρὶ,
ὅτε ἐπήλυθεν ἡμετέρῃσι βουσὶ,
πέρσε δὲ
Λυρνησὸν καὶ Πήδασον·
αὐτὰρ Ζεὺς εἰρύσατο ἐμὲ,
ὃς ἐπῶρσε μένος
γοῦνά τε λαιψηρά μοι.
Ἦ κεν ἐδάμην
ὑπὸ χερσὶν Ἀχιλλῆος
καὶ Ἀθήνης,
ἐλοῦσα πρόσθεν οἱ

Mars, guerrier invincible.
Et Apollon qui-soulève-le-peuple
excita Énée directement
contre le fils-de-Pélée,
et fit-entrer-en lui une force noble ;
or il s'assimila par la voix
à Lycaon fils de Priam ;
s'étant assimilé à celui-ci
Apollon fils de Jupiter
dit-à lui :

« Énée, conseiller des Troyens,
où sont à toi les menaces,
que tu as promises (faites)
en buvant-du-vin
aux rois des Troyens,
de combattre en-face d'Achille
fils-de-Pélée ? »

Or à-son-tour Énée répondant
dit-à lui :

« Fils-de-Priam,
pourquoi ordonnes-tu cela
à moi même ne *le* voulant pas,
de combattre
en-face du magnanime fils-de-Pélée ?
Car je ne me tiendrai pas
aujourd'hui pour-la-première-fois
en-face d'Achille aux-pieds-rapides,
mais déjà même une-autre-fois
il a fait-fuir moi de l'Ida
avec *sa* lance,
lorsqu'il vint-contre nos bœufs,
et qu'il renversa
Lyrnesse et Pédase ;
mais Jupiter sauva moi,
lui qui excita la force
et les genoux rapides à moi.
Certes j'aurais été dompté
sous les mains d'Achille
et de Minerve,
qui étant allée devant lui

ἔγχεϊ χαλκείῳ Λέλεγας καὶ Τρῶας ἐναίρειν.
Τῷ οὐκ ἔστ' Ἀχιλῆος ἐναντίον ἄνδρα μάχεσθαι·
αἰεὶ γὰρ πάρα εἷς γε θεῶν, ὃς λοιγὸν ἀμύνει.
Καὶ δ' ἄλλως τοῦ γ' ἰθὺ βέλος πέτετ', οὐδ' ἀπολήγει
πρὶν χροὸς ἀνδρομέοιο διελθεῖν. Εἰ δὲ θεός περ   100
ἶσον τείνειεν πολέμου τέλος, οὔ με μάλα ῥέα
νικήσει, οὐδ' εἰ παγχάλκεος εὔχεται εἶναι. »

    Τὸν δ' αὖτε προσέειπεν ἄναξ, Διὸς υἱὸς, Ἀπόλλων·
  « Ἥρως, ἀλλ' ἄγε, καὶ σὺ θεοῖς αἰειγενέτῃσιν
εὔχεο· καὶ δέ σέ φασι Διὸς κούρης Ἀφροδίτης   105
ἐκγεγάμεν, κεῖνος δὲ χερείονος ἐκ θεοῦ ἐστιν.
Ἥ μὲν γὰρ Διός ἐσθ', ἣ δ' ἐξ ἁλίοιο γέροντος.
Ἀλλ' ἰθὺς φέρε χαλκὸν ἀτειρέα, μηδέ σε πάμπαν
λευγαλέοις ἐπέεσσιν ἀποτρεπέτω καὶ ἀρετῇ. »

    Ὣς εἰπὼν, ἔμπνευσε μένος μέγα ποιμένι λαῶν·   110

le protéger, et qui l'excitait à immoler avec un glaive d'airain les Lé-
lèges et les Troyens. Aussi un mortel ne saurait lutter contre Achille;
car toujours à ses côtés s'avance un dieu qui le préserve du trépas.
D'ailleurs, le trait qu'il lance vole droit au but, et ne s'arrête point
avant de s'être plongé dans le corps d'un ennemi. Si un dieu rendait
égales entre nous les chances de la guerre, ce n'est pas sans peine
qu'il triompherait de moi, quand même il se glorifierait d'être tout
d'airain. »

    Apollon, fils de Jupiter, reprend en ces termes :

    « Allons, valeureux guerrier, implore aussi les dieux éternels : on
dit que Vénus, fille de Jupiter, te donna le jour; Achille est né d'une
divinité moins puissante. L'une est fille de Jupiter, et l'autre du vieillard de la mer. Porte devant toi l'airain redoutable, et ne te laisse
effrayer ni par les injures ni par les menaces de ton ennemi. »

    Il dit, et souffle un grand courage au pasteur des peuples; ce hé-

τίθει φάος,
ἠδὲ ἐκέλευεν ἐναίρειν
Λέλεγας καὶ Τρῶας
ἔγχεϊ χαλκείῳ.
Τῷ οὐκ ἔστιν
ἄνδρα μάχεσθαι
ἐναντίον Ἀχιλῆος·
αἰεὶ γὰρ πάρα
εἷς θεῶν γε,
ὃς ἀμύνει λοιγόν.
Καὶ δὲ ἄλλως βέλος τοῦγε
πέτεται ἰθύ, οὐδὲ ἀπολήγει
πρὶν διελθεῖν
χροὸς ἀνδρομέοιο.
Εἰ δὲ θεός περ τείνειε
τέλος πολέμου ἴσον,
οὔ με νικήσει μάλα ῥέα,
οὐδὲ εἰ εὔχεται
εἶναι παγχάλκεος. »
Ἄναξ δὲ Ἀπόλλων,
υἱὸς Διός,
προσέειπε τὸν αὖτε·
« Ἥρως, ἀλλὰ ἄγε,
καὶ σὺ εὔχεο
θεοῖς αἰειγενέτῃσι·
καὶ δέ φασί σε ἐκγεγάμεν
Ἀφροδίτης κούρης Διός,
κεῖνος δέ ἐστιν
ἐκ θεοῦ χερείονος.
Ἡ μὲν γάρ ἐστι Διός,
ἡ δὲ
ἐκ γέροντος ἁλίοιο.
Ἀλλὰ φέρε ἰθὺς
χαλκὸν ἀτειρέα,
μηδέ σε ἀποτρεπέτω πάμπαν
ἐπέεσσι λευγαλέοις·
καὶ ἀρειῇ. »
Εἰπὼν ὥς,
ἔμπνευσε μένος μέγα
ποιμένι λαῶν·

lui donnait la victoire,
et lui ordonnait de tuer
les Léléges et les Troyens
avec une lance d'-airain.
Aussi il n'est-pas-possible
un homme combattre
en-face d'Achille :
car toujours est-auprès de lui
un des dieux du moins,
qui écarte de lui la perte.
Et d'ailleurs le trait de lui
vole droit, et ne cesse pas de voler
avant d'avoir traversé
un corps humain.
Mais si un dieu du moins tendait
le terme de la guerre également,
il ne me vaincrait pas très-facilement,
pas-même s'il se glorifie
d'être tout-d'airain. »
Or le souverain Apollon,
fils de Jupiter,
dit-lui à-son-tour :
« Héros, mais va (allons donc),
aussi toi adresse-des-prières
aux dieux éternels ;
car on dit toi être né
de Vénus fille de Jupiter,
et celui-ci est né
d'une divinité inférieure.
Car l'une (Vénus) est fille de Jupiter,
l'autre (Thétis) est née
du vieillard de-la-mer.
Mais porte droit devant toi
l'airain infatigable,   [du tout
et qu'il (Achille) ne te détourne pas
par des paroles dures
et par des menaces. »
Ayant dit ainsi,
il inspira une force grande
au pasteur des peuples ;

βῆ δὲ διὰ προμάχων, κεκορυθμένος αἴθοπι χαλκῷ.
Οὐδ' ἔλαθ' Ἀγχίσαο πάϊς λευκώλενον Ἥρην,
ἀντία Πηλείωνος ἰὼν ἀνὰ οὐλαμὸν ἀνδρῶν·
ἣ δ', ἀμυδὶς καλέσασα θεοὺς, μετὰ μῦθον ἔειπε·

« Φράζεσθον δὴ σφωΐ, Ποσείδαον καὶ Ἀθήνη,   115
ἐν φρεσὶν ὑμετέρῃσιν ὅπως ἔσται τάδε ἔργα.
Αἰνείας δ᾽ ἔβη, κεκορυθμένος αἴθοπι χαλκῷ,
ἀντία Πηλείωνος· ἀνῆκε δὲ Φοῖβος Ἀπόλλων.
Ἀλλ᾽ ἄγεθ᾽, ἡμεῖς πέρ μιν ἀποτρωπῶμεν ὀπίσσω
αὐτόθεν· ἤ τις ἔπειτα καὶ ἡμείων Ἀχιλῆϊ   120
παρσταίη, δοίη δὲ κράτος μέγα, μηδέ τι θυμῷ
δευέσθω· ἵνα εἰδῇ ὅ μιν φιλέουσιν ἄριστοι
ἀθανάτων, οἱ δ᾽ αὖτ᾽ ἀνεμώλιοι οἳ τοπάρος περ
Τρωσὶν ἀμύνουσιν πόλεμον καὶ δηϊοτῆτα.
Πάντες δ᾽ Οὐλύμποιο κατήλθομεν ἀντιόωντες   125
τῆσδε μάχης, ἵνα μή τι μετὰ Τρώεσσι πάθῃσι

ros s'avance aux premiers rangs, couvert de l'airain étincelant. Le fils d'Anchise n'échappe point aux regards de la belle Junon, lorsqu'à travers la foule des guerriers il marche contre le fils de Pélée. La déesse appelle tous les immortels et leur dit :

« Neptune et Minerve, réfléchissez bien aux résultats de cette guerre. Énée marche, couvert de l'airain étincelant, contre le fils de Pélée ; c'est Apollon qui l'entraîne. Allons, repoussons ce guerrier loin de ces lieux ; que l'un de nous se tienne aux côtés d'Achille et lui inspire une ardeur belliqueuse, une valeur sans égale ; je veux qu'il sache que les plus puissants des dieux sont ceux qui le chérissent, et que les plus faibles sont ceux qui jusqu'à ce jour ont préservé les Troyens de la ruine et du trépas. Nous sommes tous descendus de l'Olympe pour prendre part au combat, et pour préserver aujourd'hui Achille des coups des Troyens. Cependant il subira

βῆ δὲ	or il alla
διὰ προμάχων,	à travers les premiers-combattants,
κεκορυθμένος χαλκῷ αἴθοπι.	armé d'un airain brillant.
Υἱὸς δὲ Ἀγχίσαο	Et le fils d'Anchise
οὐκ ἔλαθεν	n'échappa point
Ἥρην λευκώλενον,	à Junon aux-bras-blancs,
ἰὼν ἀντία Πηλείωνος	étant allé contre le fils-de-Pélée
ἀνὰ οὐλαμὸν ἀνδρῶν.	parmi la foule des hommes.
Ἡ δὲ, καλέσασα θεούς	Or celle-ci, ayant appelé les dieux
ἄμυδις,	en-même-temps,
μετέειπε μῦθον·	dit-au-milieu d'eux cette parole :
« Φράζεσθον δὴ σφῶϊ	« Songez certes vous-deux
ἐν ὑμετέρῃσι φρεσί,	dans vos esprits,
Ποσείδαον καὶ Ἀθήνη,	Neptune et Minerve,
ὅπως ἔσται τάδε ἔργα.	comment seront ces choses.
Ὅδε Αἰνείας ἔβη,	Cet Énée s'est avancé,
κεκορυθμένος χαλκῷ αἴθοπι,	armé d'un airain brillant,
ἀντία Πηλείωνος·	contre le fils-de-Pélée;
Φοῖβος δὲ Ἀπόλλων ἀνῆκεν.	et Phébus Apollon l'a poussé.
Ἀλλὰ ἄγετε, ἡμεῖς περ	Mais allez (allons), nous du moins
ἀποτρωπῶμέν μιν	repoussons-le
αὐτόθεν ὀπίσσω·	de là en arrière;
ἤ τις καὶ ἡμείων	ou que quelqu'un aussi de nous
ἔπειτα παρσταίη Ἀχιλῆϊ,	ensuite se tienne-auprès d'Achille,
δοίη δὲ κράτος μέγα,	et lui donne une force grande,
μηδὲ δευέσθω τι	et que celui-ci ne cède en rien
θυμῷ·	par le courage ;
ἵνα εἰδῇ	afin qu'il sache
ὃ ἄριστοι	que les meilleurs (les plus puissants)
ἀθανάτων	des immortels
φιλέουσί μιν,	chérissent lui,
αὐτοὶ δὲ οἳ	et qu'au contraire ceux
οἳ τὸ πάρος περ	qui auparavant à la vérité
ἀμύνουσι Τρωσὶ	écartent (écartaient) des Troyens
πόλεμον καὶ δηϊοτῆτα	le combat et la mêlée
ἀνεμώλιοι.	sont des dieux vains (sans force).
Κατήλθομεν δὲ πάντες	Or nous sommes descendus tous
Οὐλύμποιο	de l'Olympe
ἀντιόωντες τῆσδε μάχης,	allant-au-devant de ce combat,
ἵνα μήτι πάθῃσι σήμερον	afin qu'il ne souffre rien aujourd'hui

σήμερον· ὕστερον αὖτε τὰ πείσεται ἅσσα οἱ Αἶσα
γεινομένῳ ἐπένησε λίνῳ, ὅτε μιν τέκε μήτηρ.
Εἰ δ' Ἀχιλεὺς οὐ ταῦτα θεῶν ἐκ πεύσεται ὀμφῆς,
δείσετ' ἔπειθ', ὅτε κέν τις ἐναντίβιον θεὸς ἔλθη   130
ἐν πολέμῳ· χαλεποὶ δὲ θεοὶ φαίνεσθαι ἐναργεῖς. »

    Τὴν δ' ἠμείβετ' ἔπειτα Ποσειδάων ἐνοσίχθων·

« Ἥρη, μὴ χαλέπαινε παρὲκ νόον· οὐδέ τί σε χρή.
Οὐκ ἂν ἔγωγ' ἐθέλοιμι θεοὺς ἔριδι ξυνελάσσαι
ἡμέας τοὺς ἄλλους, ἐπεὶ ἦ πολὺ φέρτεροί εἰμεν·   135
ἀλλ' ἡμεῖς μὲν ἔπειτα καθεζώμεσθα κιόντες
ἐκ πάτου ἐς σκοπιήν, πόλεμος δ' ἄνδρεσσι μελήσει.
Εἰ δέ κ' Ἄρης ἄρχωσι μάχης ἢ Φοῖβος Ἀπόλλων,
ἢ Ἀχιλῆ' ἴσχωσι, καὶ οὐκ εἰῶσι μάχεσθαι,
αὐτίκ' ἔπειτα καὶ ἄμμι παρ' αὐτόφι νεῖκος ὀρεῖται   140
φυλόπιδος· μάλα δ' ὦκα διακρινθέντας ὀΐω

plus tard le sort que fila pour lui la Parque, lorsque sa mère le mit
au monde. Mais si Achille n'est point instruit par la voix des immortels, il sera frappé d'épouvante, lorsqu'au milieu du combat il verra
un dieu s'avancer contre lui; car les dieux sont terribles lorsqu'ils se
montrent aux regards des mortels. »

    Neptune qui ébranle la terre, lui répond :

« Junon, ne va point follement livrer ton âme à ces inquiétudes;
elles sont indignes de toi. Je ne voudrais pas que nous prissions part
à cette lutte, puisque nous sommes de beaucoup les plus puissants.
Mais nous, allons nous placer sur une hauteur, et laissons aux mortels le soin de la guerre. Si Mars et Apollon commencent le combat,
ou s'ils retiennent Achille et l'empêchent de lutter, alors entre nous
s'élèvera une lutte effroyable ; et je pense que bientôt vaincus, ils re-

μετὰ Τρώεσσιν·
αὔτε πείσεται ὕστερον
τὰ ὅσσα Αἶσα
ἐπένησε λίνῳ οἱ γεινομένῳ,
ὅτε μήτηρ τέκε μιν.
Εἰ δὲ Ἀχιλεύς
οὐ πεύσεται ταῦτα
ἐξ ὀμφῆς θεῶν,
δείσεται ἔπειτα,
ὅτε τις θεός
ἔλθῃ κεν ἐναντίβιον
ἐν πολέμῳ·
θεοὶ δὲ χαλεποὶ
φαίνεσθαι
ἐναργεῖς. »
Ποσειδάων δὲ ἐνοσίχθων
ἠμείβετο ἔπειτα τήν·
« Ἥρη, μὴ χαλέπαινε
παρὲκ νόον·
οὐδέ χρή σε
τι.
Ἐγώγε οὐκ ἂν ἐθέλοιμι
ἡμέας τοὺς ἄλλους,
ἐπειὴ εἰμεν
πολὺ φέρτεροι,
ξυνελάσσαι θεοὺς ἔριδι·
ἀλλὰ ἡμεῖς μὲν ἔπειτα
καθεζώμεθα κιόντες
ἐκ πάτου ἐς σκοπιήν,
πόλεμος δὲ μελήσει
ἀνδράσιν.
Εἰ δὲ Ἄρης ἢ Φοῖβος Ἀπόλλων
ἄρχωσί κε μάχης,
ἢ ἴσχωσιν Ἀχιλῆα,
καὶ οὐκ εἰῶσι μάχεσθαι,
αὐτίκα ἔπειτα καὶ ἄμμι
νεῖκος φυλόπιδος
ὀρεῖται παρὰ αὐτόθεν·
ἦα δὲ διακρινθέντας
ἴμεν ἄψ μάλα ὦκα

parmi les Troyens ;
cependant il souffrira plus-tard
les choses que la Destinée
fila avec le lin à lui naissant,
lorsque sa mère enfanta lui.
Mais si Achille [ses
n'apprendra (n'apprend) pas ces cho-
de la voix des dieux,
il craindra ensuite,
lorsqu'un dieu
sera venu en-face-de lui
dans le combat :
or les dieux sont terribles
à apparaître (quand ils apparaissent)
visibles. »
Or Neptune qui-ébranle-la-terre
répondit ensuite à elle :
« Junon, ne t'irrite pas
au delà de la raison ;
il ne faut pas toi
t'irriter en quelque chose.
Moi-du-moins je ne voudrais pas
nous autres,
puisque nous sommes
beaucoup plus vaillants,
engager les dieux dans une querelle ;
mais nous à la vérité ensuite
restons-assis étant allés
de ce chemin à une hauteur,
et la guerre sera-à-soin
aux hommes.
Mais si Mars ou Phébus Apollon
commencent le combat,
ou retiennent Achille,
et ne le laissent point combattre,
aussitôt ensuite aussi pour nous
la dispute de la guerre
s'élèvera auprès d'eux ;
et je pense eux s'étant séparés
aller en arrière (retourner) très-vite

ἂψ ἴμεν Οὐλυμπόνδε, θεῶν μεθ' ὁμήγυριν ἄλλων,
ἡμετέρης ὑπὸ χερσὶν ἀνάγκη Ἶφι δαμέντας. »

'Ὡς ἄρα φωνήσας[1], ἡγήσατο Κυανοχαίτης
τεῖχος ἐς ἀμφίχυτον Ἡρακλῆος θείοιο,   115
ὑψηλὸν, τό ῥά οἱ Τρῶες καὶ Παλλὰς Ἀθήνη
ποίεον, ὄφρα τὸ κῆτος ὑπεκπροφυγὼν ἀλέοιτο,
ὁππότε μιν σεύαιτο ἀπ' ἠϊόνος πεδίονδε.

Ἔνθα Ποσειδάων κατ' ἄρ' ἕζετο, καὶ θεοὶ ἄλλοι,
ἀμφὶ δ' ἄρ' ἄῤῥηκτον νεφέλην ὤμοισιν ἕσαντο·   120
οἱ δ' ἑτέρωσε κάθιζον ἐπ' ὀφρύσι Καλλικολώνης[2],
ἀμφὶ σὲ, ἤϊε Φοῖβε, καὶ Ἄρηα πτολίπορθον.
'Ὡς οἱ μέν ῥ' ἑκάτερθε καθείατο μητιόωντες
βουλάς· ἄρχεμεναι δὲ δυσηλεγέος πολέμοιο
ὤκνεον ἀμφότεροι· Ζεὺς δ' ἥμενος ὕψι κέλευε.   125

Τῶν δ' ἅπαν ἐπλήσθη πεδίον, καὶ λάμπετο χαλκῷ,
ἀνδρῶν ἠδ' ἵππων· κάρχαιρε δὲ γαῖα πόδεσσιν
ὀρνυμένων ἄμυδις. Δύω δ' ἀνέρες ἔξοχ' ἄριστοι

tourneront ﬂans l'Olympe au milieu des autres divinités, après avoir succombé tous le choc de notre irrésistible valeur. »

A ces mots, le dieu aux cheveux d'azur les conduit vers les remparts du divin Hercule, murs élevés que construisirent Pallas et les Troyens pour servir de refuge à ce héros contre un monstre marin, lorsque loin du rivage il le poursuivait dans la plaine. C'est là que s'arrête Neptune avec les autres dieux, les épaules enveloppées d'un nuage impénétrable. D'un autre côté, les dieux protecteurs d'Ilion se placent sur les hauteurs du Callicoloné, autour de toi, Phébus, qui lances au loin les traits, autour de Mars destructeur des villes. C'est ainsi que de chaque côté les dieux délibèrent entre eux ; ils hésitent à commencer ces funestes combats ; de son trône élevé Jupiter leur en donne le signal.

La plaine entière est couverte d'hommes et de chevaux, et resplendit sous l'éclat de l'airain. La terre résonne sous les pas des guerriers qui se précipitent. Deux héros, dont la valeur excelle, s'avan-

Οὔλυμπόνδε,	dans-l'Olympe,
μετὰ ὁμήγυριν ἄλλων θεῶν,	vers l'assemblée des autres dieux,
ἐςμέντας ὑπὸ ὑμετέρῃς χερσὶν	ayant été domptés sous nos mains
ἶφι ἀνάγκῃ. »	fortement par la nécessité. »
Φωνήσας ἄρα ὣς,	Ayant parlé donc ainsi,
Κυανοχαίτης	le dieu aux-cheveux-d'azur
ἡγέσατο	les conduisit [(l'enceinte)
ἐς τεῖχος ἀμφίχυτον	vers le mur répandu-tout-autour
Ἡρακλῆος θείοιο,	d'Hercule divin,
ὑψηλὸν, τό ῥα Τρῶες	mur élevé, lequel les Troyens
καὶ Παλλὰς Ἀθήνη	et Pallas Minerve
ποίεόν οἱ,	faisaient (avaient construit) à lui,
ὄφρα ὑπεκπροφυγὼν	afin qu'ayant fui
ἀλέοιτο τὸ κῆτος,	il évitât le monstre-marin,
ὁπότε σεύαιτό μιν	lorsqu'il poursuivait lui
ἀπὸ ἠιόνος πεδίονδε.	loin du rivage dans-la-plaine.
Ποσειδάων ἄρα καθέζετο ἔνθα,	Neptune donc s'assit là,
καὶ ἄλλοι θεοὶ,	ainsi-que les autres dieux, [épaules
ἀμφιέσαντο δὲ ἄρα ὤμοισί	et donc ils mirent-autour de leurs
νεφέλην ἄρρηκτον·	un nuage indestructible;
οἱ δὲ κάθιζον ἑτέρωσε	et ceux-ci s'asseyaient d'un-autre-côté
ἐπὶ ὀφρύσι Καλλικολώνης,	sur les sommets du Callicoloné,
ἀμφὶ σὲ,	autour de toi,
Φοῖβε ἧιε,	Phébus qui-lances-au-loin-les-traits,
καὶ Ἄρηα πτολίπορθον.	et de Mars destructeur-de-villes.
Ὣς οἱ μὲν ῥα	Ainsi ceux-ci à la vérité donc
καθείατο ἑκάτερθε	étaient assis de-chaque-côté
μητιόωντες βουλάς·	méditant des projets;
ὄκνεον δὲ ἀμφότεροι	or ils hésitaient les-uns-et-les-autres
ἀρχέμεναι πολέμοιο δυσηλεγέος·	à commencer le combat funeste;
Ζεὺς δὲ ἥμενος ὕψι	mais Jupiter assis en-haut
κέλευεν.	le leur ordonnait.
Ἅπαν δὲ πεδίον ἐπλήσθη	Or toute la plaine fut remplie
τῶν ἀνδρῶν ἠδὲ ἵππων,	des hommes et des chevaux,
καὶ λάμπετο χαλκῷ·	et brillait par l'airain;
γαῖα δὲ κάρκαιρε	et la terre retentissait
πόδεσσιν	par (sous) les pieds des hommes
ὀρνυμένων ἄμυδις.	se précipitant ensemble.
δύο δὲ ἀνέρες	Et deux hommes
ἔξοχα ἄριστοι,	de beaucoup les meilleurs,

ἐς μέσον ἀμφοτέρων συνίτην, μεμαῶτε μάχεσθαι,

Αἰνείας τ' Ἀγχισιάδης καὶ δῖος Ἀχιλλεύς.   160

Αἰνείας δὲ πρῶτος ἀπειλήσας ἐβεβήκει,

νευστάζων κόρυθι βριαρῇ· ἀτὰρ ἀσπίδα θοῦριν

πρόσθεν ἔχε στέρνοιο, τίνασσε δὲ χάλκεον ἔγχος.

Πηλείδης δ' ἑτέρωθεν ἐναντίον ὦρτο, λέων ὣς

σίντης, ὅν τε καὶ ἄνδρες [1] ἀποκτάμεναι μεμάασιν,   165

ἀγρόμενοι, πᾶς δῆμος· ὁ δὲ πρῶτον μὲν ἀτίζων

ἔρχεται· ἀλλ' ὅτε κέν τις Ἀρηϊθόων αἰζηῶν

δουρὶ βάλῃ, ἐάλη τε χανών, περί τ' ἀφρὸς ὀδόντας

γίγνεται, ἐν δέ τέ οἱ κραδίῃ στένει ἄλκιμον ἦτορ,

οὐρῇ δὲ πλευράς τε καὶ ἰσχία ἀμφοτέρωθεν   170

μαστίεται, ἐς δ' αὐτὸν ἐποτρύνει μαχέσασθαι·

γλαυκιόων δ' ἰθὺς φέρεται μένει, ἤν τινα πέφνῃ

ἀνδρῶν, ἢ αὐτὸς φθίεται πρώτῳ ἐν ὁμίλῳ·

ὣς Ἀχιλῆ' ὤτρυνε μένος καὶ θυμὸς ἀγήνωρ

---

cent au milieu des deux armées, impatients de combattre : c'est Énée, fils d'Anchise, et le divin Achille. Énée le premier s'avance menaçant, couvert d'un casque solide dont l'aigrette s'agite; il porte devant sa poitrine un bouclier redoutable et brandit une lance d'airain. Le fils de Pélée s'élance contre lui, comme un lion destructeur qu'une troupe d'hommes, une contrée toute entière brûle de faire périr; l'animal méprise d'abord leurs attaques; mais lorsque l'un des jeunes et impétueux guerriers l'a frappé de sa lance, il se ramasse, la gueule béante, et ses dents sont inondées d'écume; de sa poitrine généreuse il laisse échapper de profonds gémissements; de sa queue il se bat les flancs et les reins et s'anime à combattre; les yeux étincelants de fureur, il se précipite avec rage pour déchirer l'un des bergers ou pour périr lui-même aux premiers rangs : ainsi l'ardeur et le cœur généreux d'Achille l'excitent à se porter contre le magna-

Αἰνείας τε Ἀγχισιάδης	et Énée fils-d'Anchise
καὶ δῖος Ἀχιλλεύς,	et le divin Achille,
συνίτην	vinrent-en-même-temps
ἐς μέσον ἀμφοτέρων,	au milieu des deux *armées*,
μεμαῶτε μάχεσθαι.	désirant-ardemment combattre.
Αἰνείας δὲ ἐβεβήκει πρῶτος	Or Énée s'avançait le premier
ἀπειλήσας,	ayant menacé,
νευστάζων κόρυθι βριαρῇ·	agitant *son* casque solide;
ἀτὰρ ἔχε πρόσθεν στέρνοιο	et il avait devant la poitrine
ἀσπίδα θοῦριν,	un bouclier impétueux,
τίνασσε δὲ ἔγχος χάλκεον.	et il brandissait une lance d'-airain.
Ἑτέρωθεν δὲ Πηλείδης	Et d'un-autre-côté le fils-de-Pélée
ὦρτο ἐναντίον,	s'élança contre *lui*,
ὡς λέων σίντης,	comme un lion dévastateur,
ὅν τε καὶ ἄνδρες ἀγρόμενοι,	lequel des hommes réunis,
δῆμος πᾶς,	un pays entier,
μεμάασιν ἀποκτάμεναι·	désirent-vivement tuer;
ὁ δὲ πρῶτον μὲν	celui-ci d'abord à la vérité
ἔρχεται ἀτίζων·	s'avance en méprisant *ses ennemis*;
ἀλλ᾽ ὅτε τίς	mais lorsque quelqu'un [bat
αἰζηῶν Ἀρηιθόων	des jeunes-gens impétueux-au-com-
βάλῃ κε δουρί,	l'a frappé de *sa* lance,
ἰάλη τε	et il s'est ramassé
χανών,	ayant-la-gueule-béante,
ἀφρός τε	et l'écume
περιγίγνεται ὀδόντας,	*lui* vient-autour des dents,
ἦτορ δέ τε ἄλκιμον	et *son* âme courageuse
στένει ἐν κραδίῃ οἱ,	gémit dans le cœur à *lui*,
μαστίεται δὲ οὐρῇ	et il se frappe avec la queue
ἀμφοτέρωθεν	de-chaque-côté
πλευράς τε καὶ ἰσχία,	et les flancs et les reins,
ἐποτρύνει δὲ ἓ αὐτὸν	et s'excite lui-même
μαχέσασθαι·	à combattre;
γλαυκιόων δὲ	et lançant-des-regards-étincelants
φέρεται ἰθὺς μένει,	il se porte droit avec ardeur,
ἤ κέρνῃ	pour *voir* s'il tuera
τινὰ ἀνδρῶν,	quelqu'un des hommes,
ἢ αὐτὸς φθίεται	ou si lui-même périra [rangs) :
ἐν πρώτῳ ὁμίλῳ·	dans la première foule (aux premiers
ὡς μένος καὶ θυμὸς ἀγήνωρ	ainsi l'ardeur et un cœur brave

ἀντίον ἐλθέμεναι μεγαλήτορος Αἰνείαο.   175

Οἱ δ' ὅτε δὴ σχεδὸν ἦσαν ἐπ' ἀλλήλοισιν ἰόντες,

τὸν πρότερος προσέειπε ποδάρκης δῖος Ἀχιλλεύς·

« Αἰνεία, τί σὺ τόσσον ὁμίλου πολλὸν ἐπελθὼν

ἔστης; Ἦ σέγε θυμὸς ἐμοὶ μαχέσασθαι ἀνώγει,

ἐλπόμενον Τρώεσσιν ἀνάξειν ἱπποδάμοισι   180

τιμῆς τῆς Πριάμου; Ἀτὰρ εἴ κεν ἔμ' ἐξεναρίξῃς,

οὔ τοι τοὔνεκά γε Πρίαμος γέρας ἐν χερὶ θήσει·

εἰσὶν γάρ οἱ παῖδες· ὁ δ' ἔμπεδος, οὐδ' ἀεσίφρων.

Ἦ νύ τί τοι Τρῶες τέμενος τάμον, ἔξοχον ἄλλων,

καλὸν φυταλιῆς καὶ ἀρούρης, ὄφρα νέμηαι,   185

αἴ κεν ἐμὲ κτείνῃς; Χαλεπῶς δέ σ' ἔολπα τὸ ῥέξειν.

Ἤδη μὲν σέγε, φημί, καὶ ἄλλοτε δουρὶ φόβησα.

Ἦ οὐ μέμνῃ ὅτε πέρ σε, βοῶν ἄπο, μοῦνον ἐόντα,

σεῦα κατ' Ἰδαίων ὀρέων ταχέεσσι πόδεσσι

καρπαλίμως; Τότε δ' οὔτι μετατροπαλίζεο φεύγων·   190

nime fils d'Anchise. Lorsqu'ils se sont approchés l'un de l'autre, le divin Achille, aux pieds rapides, lui adresse le premier ces paroles :

« Énée, pourquoi t'arrêter en face de moi et t'avancer si loin de la foule ? Ton cœur te pousse donc à combattre contre moi, dans l'espoir de succéder à Priam et de régner un jour sur les Troyens, dompteurs de coursiers ? Mais, si tu m'arrachais la vie, Priam ne remettrait pas pour cela son sceptre entre tes mains ; car Priam a des enfants ; il est doué d'une âme sage et prudente. Les Troyens te donneront-ils à cultiver un magnifique et superbe domaine, planté de vignes et fertile en moissons, si tu me ravis le jour ? J'espère que tu exécuteras difficilement ce dessein. Déjà, si je ne me trompe, ma lance t'a mis en fuite. Ne te souvient-il plus du jour où, te trouvant seul, je te séparai de tes troupeaux et te chassai des hauteurs de l'Ida, en te poursuivant de mes pieds rapides ? Alors tu ne te retournais même point en

ὤτρυνεν Ἀχιλῆα ἐλθέμεναι
ἀντίον μεγαλήτορος Αἰνείαο.
Ὅτε δὲ οἱ δὴ ἦσαν σχεδὸν
ἰόντες ἐπ' ἀλλήλοισι,
δῖος Ἀχιλλεὺς ποδάρκης
προσέειπε τὸν πρότερος·
« Αἰνεία,
τί σὺ ἕστης
ἐπελθὼν τόσσον πολλὸν ὁμίλου;
Ἦ θυμὸς ἀνώγει
μαχέσασθαι ἐμοὶ
σέ γε ἐλπόμενον ἀνάξειν
Τρώεσσιν ἱπποδάμοισι
τιμῆς τῆς Πριάμου;
Ἀτὰρ εἴ κεν ἐξεναρίξῃς ἐμέ,
Πρίαμος τοὔνεκά γε
οὔ θήσει ἐν χειρί τοι
γέρας·
παῖδες γὰρ εἰσίν οἱ·
ὁ δὲ ἔμπεδος,
οὐδὲ ἀεσίφρων.
Ἦ νυ Τρῶες
τάμον τοί τι τέμενος,
ἔξοχον ἄλλων,
καλὸν
φυταλιῆς καὶ ἀρούρης,
ὄφρα νέμῃαι,
αἴ κε κτείνῃς ἐμέ;
Ἔολπα δέ σε
ῥέξειν τὸ χαλεπῶς.
Ἤδη μὲν, φημὶ,
φόβησα σέ γε καὶ ἄλλοτε
δουρί.
Ἦ οὐ μέμνῃ
ὅτε πέρ σευα καρπαλίμως·
πόδεσσι ταχέεσσι
κατὰ ὀρέων Ἰδαίων
σε ἐόντα μοῦνον, ἀπὸ βοῶν;
Τότε δὲ φεύγων
ἐτρωπαλίζεο·

excitait Achille à s'avancer
à-la-rencontre du magnanime Énée.
Or lorsque donc ceux-ci furent près
étant venus l'un vers l'autre,
le divin Achille aux-pieds-rapides
dit-à lui le premier :
« Énée,
pourquoi toi t'es-tu arrêté *ici*
t'étant avancé si loin de la foule?
Est-ce-que *ton* cœur engage
à combattre contre moi
toi espérant devoir commander
aux Troyens dompteurs-de-chevaux
avec la dignité celle de Priam?
Mais si tu auras tué moi,
Priam à-cause-de-cela du moins
ne placera pas dans la main à toi
cette dignité (le sceptre);
car des enfants sont à lui;
et lui *est* ferme *d'esprit*,
et-nullement imprudent.
Est-ce-que donc les Troyens [re,
ont détaché à toi une portion-de-ter-
supérieure aux autres,
une portion-de-terre belle
de verger et de sol-labourable,
afin que tu *la* cultives,
si tu viens-à-tuer moi?
Or j'espère (je crois) toi
devoir faire cela difficilement.
Déjà à la vérité, je pense,
j'ai fait-fuir toi aussi une-autre-fois
avec ma lance.
Est-ce-que tu ne te souviens pas
lorsque je chassai promptement
de *mes* pieds rapides
du-haut des monts de-l'Ida
toi étant seul, loin de *tes* bœufs?
Or alors en fuyant
tu ne te retournais nullement;

ἔνθεν δ' ἐς Λυρνησὸν ὑπέκφυγες· αὐτὰρ ἐγὼ τὴν
πέρσα, μεθορμηθεὶς σὺν Ἀθήνῃ καὶ Διὶ πατρί·
ληϊάδας δὲ γυναῖκας, ἐλεύθερον ἧμαρ ἀπούρας,
ἧγον· ἀτὰρ σὲ Ζεὺς ἐρρύσατο καὶ θεοὶ ἄλλοι.
Ἀλλ' οὐ νῦν σε ῥύεσθαι ὀίομαι, ὡς ἐνὶ θυμῷ   195
βάλλεαι· ἀλλά σ' ἔγωγ' ἀναχωρήσαντα κελεύω
ἐς πληθὺν ἰέναι, μηδ' ἀντίος ἵστασ' ἐμεῖο,
πρίν τι κακὸν παθέειν· ῥεχθὲν δέ τε νήπιος ἔγνω. »

    Τὸν δ' αὖτ' Αἰνείας ἀπαμείβετο, φώνησέν τε·

« Πηλείδη, μὴ δή μ' ἐπέεσσί γε, νηπύτιον ὥς,   200
ἔλπεο δειδίξεσθαι· ἐπεὶ σάφα οἶδα καὶ αὐτὸς
ἠμὲν κερτομίας ἠδ' αἴσυλα μυθήσασθαι.
Ἴδμεν δ' ἀλλήλων γενεήν, ἴδμεν δὲ τοκῆας,
πρόκλυτ' ἀκούοντες ἔπεα θνητῶν ἀνθρώπων·
ὄψει δ' οὔτ' ἄρ πω σὺ ἐμοὺς ἴδες, οὔτ' ἄρ' ἐγὼ σούς.   205

---

fuyant; mais tu cherchas un refuge dans Lyrnesse. Je renversai cette
cité, grâce à l'appui de Minerve et du souverain Jupiter; j'emmenai
des femmes captives, je leur ravis la liberté; toi, tu dois ton salut à
Jupiter et aux autres dieux; mais aujourd'hui je ne pense pas qu'ils
soient prêts, comme tu te l'imagines, à te protéger. Pour moi, je
t'engage à te retirer et à rentrer dans la foule; car, en restant ici, tu
pourrais bien y trouver la mort; l'insensé ne s'instruit que par les
événements. »

    Énée lui répond en ces termes :

    « Fils de Pélée, ne crois pas m'effrayer par tes paroles, comme si je
n'étais qu'un faible enfant; je sais aussi prodiguer l'injure et l'ou-
trage. Nous connaissons tous deux notre origine; nous savons par les
récits anciens des mortels quels ont été nos ancêtres; car tu n'as pas
vu les miens, et moi, je n'ai point vu les tiens. On dit que tu dois le

ὑπέκφυγες δὲ ἔνθεν	mais tu t'enfuis de là
ἐς Λυρνησόν·	dans Lyrnesse;
αὐτὰρ ἐγὼ πέρσα τὴν,	et moi je renversai elle,
μεθορμηθεὶς	m'étant élancé-sur *elle*
σὺν Ἀθήνῃ	avec Minerve
καὶ πατρὶ Διΐ·	et le père (souverain) Jupiter;
ἦγον δὲ γυναῖκας λῃιάδας,	et j'emmenai des femmes captives,
ἀπούρας	*leur* ayant enlevé
ἦμαρ ἐλεύθερον·	le jour libre (la liberté);
ἀτὰρ Ζεὺς ἐρρύσατό σε	mais Jupiter sauva toi
καὶ ἄλλοι θεοί.	et les autres dieux *te sauvèrent.*
Ἀλλὰ νῦν οὐκ ὀίομαι	Mais maintenant je ne crois pas
ῥύεσθαί σε,	*eux* sauver toi,
ὡς βάλλεαι ἐνὶ θυμῷ·	comme tu te *le* mets dans l'esprit;
ἀλλὰ ἔγωγε κελεύω σε	mais moi j'engage toi
ἀναχωρήσαντα	t'étant retiré
ἰέναι ἐς πληθύν,	à aller dans la foule, (t'en),
μηδὲ ἵστασο ἀντίος ἐμεῖο,	et ne te tiens plus en-face de moi (va-
πρὶν καθέειν τι κακόν·	avant d'avoir souffert quelque mal;
νήπιος δέ τε	mais l'insensé
ἔγνω ῥεχθέν. »	connaît *seulement* la chose faite. »
Αἰνείας δὲ αὖτε	Et Énée à-son-tour
ἀπαμείβετο τὸν,	répondit à lui,
φώνησέ τε·	et parla :
« Πηλείδη,	« Fils-de-Pélée,
μὴ ἔλπεο δὴ	n'espère pas certes
δειδίξεσθαι ἐπέεσσί γέ	effrayer par *les* paroles du moins
με, ὡς νηπύτιον·	moi, comme un petit-enfant;
ἐπεὶ αὐτὸς καὶ	puisque moi-même aussi
οἶδα σάφα μυθήσασθαι	je sais bien dire
ἠμὲν κερτομίας	et des injures
ἠδὲ αἴσυλα.	et des choses blessantes.
Ἴδμεν δὲ	Et nous connaissons
γενεὴν ἀλλήλων,	la naissance l'un-de-l'autre,
ἴδμεν δὲ τοκῆας,	et nous connaissons *nos* parents,
ἀκούοντες ἔπεα πρόκλυτα	entendant les paroles écoutées-jadis
ἀνθρώπων θνητῶν·	d'hommes mortels; [(anciennes)
σὺ δ' ἄρ οὔτε κω ἴδες ἐμοὺς	car donc toi tu n'as pas vu les miens
ὄψει,	par le regard,
οὔτε ἄρα ἐγὼ σούς.	ni donc moi les tiens.

Φασὶ σὲ μὲν Πηλῆος ἀμύμονος ἔκγονον εἶναι,
μητρὸς δ' ἐκ Θέτιδος, καλλιπλοκάμου ἁλοσύδνης·
αὐτὰρ ἐγὼν υἱὸς μεγαλήτορος Ἀγχίσαο
εὔχομαι ἐκγεγάμεν, μήτηρ δέ μοί ἐστ' Ἀφροδίτη.
Τῶν δὴ νῦν ἕτεροί γε φίλον παῖδα κλαύσονται   213
σήμερον· οὐ γάρ φημ', ἐπέεσσί γε νηπυτίοισιν
ὧδε διακρινθέντε, μάχης ἒξ ἀπονέεσθαι.
Εἰ δ' ἐθέλεις καὶ ταῦτα δαήμεναι, ὄφρ' εὖ εἰδῇς
ἡμετέρην γενεήν, πολλοὶ δέ μιν ἄνδρες ἴσασι·
Δάρδανον αὖ πρῶτον τέκετο νεφεληγερέτα Ζεύς,   215
κτίσσε δὲ Δαρδανίην· ἐπεὶ οὔπω Ἴλιος ἱρὴ
ἐν πεδίῳ πεπόλιστο, πόλις μερόπων ἀνθρώπων,
ἀλλ' ἔθ' ὑπωρείας ᾤκεον πολυπίδακος Ἴδης.
Δάρδανος αὖ τέκεθ' υἱὸν Ἐριχθόνιον βασιλῆα,
ὃς δὴ ἀφνειότατος γένετο θνητῶν ἀνθρώπων·   220
τοῦ τρισχίλιαι ἵπποι ἕλος κάτα βουκολέοντο
θήλειαι, πώλοισιν ἀγαλλόμεναι ἀταλῇσι.
Τάων καὶ Βορέης ἠράσσατο βοσκομενάων,

jour à l'irréprochable Pélée et à Thétis, la nymphe aux belles tresses;
moi, je me glorifie d'être le fils du magnanime Anchise; Vénus est
ma mère. Aujourd'hui tes parents ou les miens pleureront un fils
chéri; car je ne pense pas que nous nous séparions après de vains
discours et que nous abandonnions ainsi le champ de bataille. Mais si
tu veux apprendre mon origine que, du reste, bien des mortels con-
naissent, Jupiter, le maître des nuages, fut le père de Dardanus qui
fonda Dardanie; alors Ilion, demeure sacrée des humains, n'était
pas encore bâtie dans la plaine. Les peuples habitaient au pied du
mont Ida aux sources fécondes. Dardanus fut le père du roi Érichthonius, le plus opulent des mortels. Dans les marais d'Érichthonius
paissaient trois mille juments, fières de leurs jeunes poulains; Borée
fut épris de quelques-unes, et, sous la forme d'un coursier à la belle

Φασὶ σὲ μὲν εἶναι ἔκγονον	On dit toi à la vérité être né
ἀμύμονος Πηλῆος,	de l'irréprochable Pélée,
ἐκ δὲ Θέτιδος μητρὸς,	et de Thétis pour mère,
ἀλοσύδνης καλλιπλοκάμου·	nymphe-marine aux-belles-tresses;
αὐτὰρ ἐγὼν εὔχομαι ἐκγεγάμεν	et moi je me vante d'être né
υἱὸς μεγαλήτορος Ἀγχίσαο,	fils du magnanime Anchise,
Ἀφροδίτη δέ ἐστι μήτηρ μοι.	et Vénus est mère à moi.
Ἕτεροί γε τῶν	Les-uns-ou-les-autres de ceux-ci
κλαύσονται παῖδα φίλον	pleureront un fils chéri
νῦν δὴ σήμερον·	maintenant certes aujourd'hui;
οὐ γάρ φημι	car je ne crois pas nous
ἀπονέεσθαι ἐκ μάχης,	devoir retourner du combat,
διακρινθέντε ὧδέ γε	nous étant séparés ainsi du m....
ἐπέεσσι νηπυτίοισιν.	par (après) des paroles puériles.
Εἰ δὲ ἐθέλεις	Mais si tu veux
δαήμεναι καὶ ταῦτα,	apprendre aussi ces choses,
ὄφρα εἰδῇς εὖ	afin que tu saches bien
ἡμετέρην γενεὴν,	notre naissance, [sent:
πολλοὶ δὲ ἄνδρες μιν ἴσασιν·	et beaucoup d'hommes la connais-
αὖ πρῶτον Ζεὺς	déjà d'abord Jupiter
νεφεληγερέτα	qui-assemble-les-nuages
τέκετο Δάρδανον,	engendra Dardanus,
κτίσσε δὲ Δαρδανίην·	et celui-ci fonda Dardanie;
ἐπεὶ Ἴλιος ἱρὴ,	puisque Ilion sacrée,
πόλις ἀνθρώπων μερόπων,	ville d'hommes à-la-voix-articulée,
οὔπω πεπόλιστο ἐν πεδίῳ,	n'était pas encore bâtie dans la plaine,
ἀλλὰ ᾤκεον ἔτι	mais ils habitaient encore
ὑπωρείας Ἴδης	le pied (au pied) de l'Ida
πολυπίδακος.	aux-sources-abondantes.
Δάρδανος αὖ	Dardanus de-son-côté
τέκετο υἱὸν	engendra pour fils
βασιλῆα Ἐριχθόνιον,	le roi Érichthonius,
ὃς δὴ γένετο ἀφνειότατος	qui certes fut le plus opulent
ἀνθρώπων θνητῶν·	des hommes mortels;
κατὰ ἕλος τοῦ βουκολέοντο	dans le marais de celui-ci paissaient
τρισχίλιαι ἵπποι θήλειαι,	trois-mille chevaux femelles (ju-
ἀγαλλόμεναι	s'enorgueillissant [ments),
ἀταλῇσι πώλοισι.	de leurs jeunes poulains.
Βορέης καὶ ἠράσσατο	Borée aussi aima quelques-unes
τάων βοσκομενάων,	de celles-ci paissant,

ἵππῳ δ' εἰσάμενος παρελέξατο κυανοχαίτῃ·
αἱ δ' ὑποκυσσάμεναι ἔτεκον δυοκαίδεκα πώλους.   225
Αἱ δ' ὅτε μὲν σκιρτῷεν ¹ ἐπὶ ζείδωρον ἄρουραν,
ἄκρον ἐπ' ἀνθερίκων καρπὸν θέον, οὐδὲ κατέκλων·
ἀλλ' ὅτε δὴ σκιρτῷεν ἐπ' εὐρέα νῶτα θαλάσσης,
ἄκρον ἐπὶ ῥηγμῖνος ἁλὸς πολιοῖο θέεσκον.
Τρῶα δ' Ἐριχθόνιος τέκετο Τρώεσσιν ἄνακτα·   230
Τρωὸς δ' αὖ τρεῖς παῖδες ἀμύμονες ἐξεγένοντο,
Ἶλός τ' Ἀσσάρακός τε καὶ ἀντίθεος Γανυμήδης,
ὃς δὴ κάλλιστος γένετο θνητῶν ἀνθρώπων·
τὸν καὶ ἀνηρείψαντο θεοὶ Διὶ οἰνοχοεύειν,
κάλλεος εἵνεκα οἷο, ἵν' ἀθανάτοισι μετείη.   235
Ἶλος δ' αὖ τέκεθ' υἱὸν ἀμύμονα Λαομέδοντα·
Λαομέδων δ' ἄρα Τιθωνὸν τέκετο Πρίαμόν τε,
Λάμπον τε Κλυτίον θ' Ἱκετάονά τ', ὄζον Ἄρηος·
Ἀσσάρακος δὲ Κάπυν· ὁ δ' ἄρ' Ἀγχίσην τέκε παῖδα·
αὐτὰρ ἔμ' Ἀγχίσης, Πρίαμος δ' ἔτεχ' Ἕκτορα δῖον.   240
Ταύτης τοι γενεῆς τε καὶ αἵματος εὔχομαι εἶναι.

crinière, Il s'unit à elles, et elles enfantèrent douze poulains.
Lorsqu'elles bondissaient au milieu des champs fertiles, elles ef-
fleuraient sans les briser les têtes des épis, et lorsqu'elles bondissaient sur le dos de la vaste mer, elles glissaient à la surface
des eaux blanchissantes. Érichthonius fut le père de Tros, roi des
Troyens; Tros eut trois fils irréprochables, Ilus, Assaracus, et le
divin Ganymède, le plus beau des mortels : les dieux l'enlevèrent
de la terre à cause de sa beauté, pour en faire l'échanson de Jupiter
et le mettre au rang des immortels. Ilus engendra l'irréprochable
Laomédon; Laomédon engendra Tithon, Priam, Lampus, Clytius,
Hicétaon, rejeton du dieu Mars; Assaracus engendra Capys, et Capys
fut le père d'Anchise; Anchise me donna le jour, et Priam fut le
père du divin Hector. Telle est mon origine; tel est le sang dont je
me glorifie d'être issu. Jupiter peut, au gré de ses désirs, accroître ou

εἰσάμενος δὲ	et s'étant assimilé
ἵππῳ κυανοχαίτῃ	à un cheval à-la-noire-crinière
παρελέξατο·	coucha-près d'*elles* (s'unit à elles);
αἱ δὲ ὑποκυσσάμεναι	et celles-ci étant devenues-p¹
ἔτεκον δυοκαίδεκα πώλους.	enfantèrent douze poulains.
Ὅτε δὲ αἱ μὲν	Or lorsque celles-ci à la vérité
σκιρτῷεν	bondissaient
ἐπὶ ἄρουραν ζείδωρον,	sur la terre nourricière,
θέον ἐπὶ ἄκρον	elles couraient sur l'extrémité
καρπὸν ἀνθερίκων,	du fruit des épis,
οὐδὲ κατέκλων·	et ne *les* brisaient pas;
ἀλλὰ ὅτε δὴ σκιρτῷεν	mais lorsqu'elles bondissaient
ἐπὶ νῶτα εὐρέα θαλάσσης,	sur le dos vaste de la mer,
θέεσκον ἐπὶ ἄκρον	elles couraient sur la surface
ῥηγμῖνος ἁλὸς πολίοιο.	des brisants de la mer blanchissante.
Ἐριχθόνιος δὲ τέκετο Τρῶα	Et Érichthonius engendra Tros
ἄνακτα Τρώεσσι·	prince pour les Troyens;
Τρωὸς δὲ αὖ ἐξεγένοντο	et de Tros aussi naquirent
τρεῖς παῖδες ἀμύμονες,	trois fils irréprochables,
Ἶλός τε Ἀσσάρακός τε	et Ilus et Assaracus
καὶ Γανυμήδης ἀντίθεος,	et Ganymède égal-à-un-dieu,
ὃς δὴ γένετο κάλλιστος	qui certes fut le plus beau
ἀνθρώπων θνητῶν·	des hommes mortels;
θεοὶ ἀνηρείψαντο καὶ τὸν	les dieux enlevèrent aussi lui
οἰνοχοεύειν Διί,	*pour* servir-d'échanson à Jupiter,
εἵνεκα οἷο κάλλεος,	à cause de sa beauté,
ἵνα μετείη ἀθανάτοισιν.	afin qu'il fût-parmi les immortels.
Ἶλος δὲ αὖ τέκετο	Et Ilus à son tour engendra
Λαομέδοντα υἱὸν ἀμύμονα·	Laomédon fils irréprochable;
Λαομέδων δὲ ἄρα τέκετο	et Laomédon donc engendra
Τιθωνὸν Πρίαμόν τε,	Tithon et Priam,
Λάμπον τε Κλυτίον τε	et Lampus et Clytius
Ἱκετάονά τε, ὄζον Ἄρηος·	et Hicétaon, rejeton de Mars;
Ἀσσάρακος δὲ Κάπυν·	et Assaracus *engendra* Capys:
ὁ δὲ ἄρα	et celui-ci donc
τέκε παῖδα Ἀγχίσην·	engendra *pour* fils Anchise;
αὐτὰρ Ἀγχίσης ἔτεκεν ἐμέ,	puis Anchise engendra moi,
Πρίαμος δὲ δῖον Ἕκτορα.	et Priam *engendra* le divin Hector.
Εὔχομαί τοι εἶναι	Je me glorifie certes d'être
ταύτης τε γενεῆς καὶ αἵματος.	et de cette race et de *ce* sang.

Ζεὺς δ' ἀρετὴν ἄνδρεσσιν ὀφέλλει τε μινύθει τε,
ὅππως κεν ἐθέλῃσιν· ὁ γὰρ κάρτιστος ἁπάντων.
Ἀλλ' ἄγε μηκέτι ταῦτα λεγώμεθα, νηπύτιοι ὣς,
ἑσταότ' ἐν μέσσῃ ὑσμίνῃ δηϊοτῆτος.   215
Ἔστι γὰρ ἀμφοτέροισιν ὀνείδεα μυθήσασθαι
πολλὰ μάλ'· οὐδ' ἂν νηῦς ἑκατόζυγος ἄχθος ἄροιτο.
Στρεπτὴ δὲ γλῶσσ' ἐστὶ βροτῶν, πολέες δ' ἔνι μῦθοι
παντοῖοι· ἐπέων δὲ πολὺς νομὸς ἔνθα καὶ ἔνθα.
Ὁπποῖόν κ' εἴπῃσθα ἔπος, τοῖόν κ' ἐπακούσαις.   230
Ἀλλὰ τίη ἔριδας καὶ νείκεα νῶϊν ἀνάγκη
νεικεῖν ἀλλήλοισιν ἐναντίον, ὥστε γυναῖκας,
αἵτε χολωσάμεναι ἔριδος πέρι θυμοβόροιο
νεικεῦσ' ἀλλήλῃσι μέσην ἐς ἀγυιὰν ἰοῦσαι,
πόλλ' ἐτεά τε καὶ οὐκί· χόλος δέ τε καὶ τὰ κελεύει.   235
Ἀλκῆς δ' οὔ μ' ἐπέεσσιν ἀποτρέψεις μεμαῶτα,
πρὶν χαλκῷ μαχέσασθαι ἐναντίον. Ἀλλ' ἄγε, θᾶσσον

diminuer les forces de l'homme; car il est lui-même le plus puissant des dieux. Allons, ne tenons pas, au milieu du champ des combats, ce langage qui ne convient qu'à des enfants. Nous pouvons tous deux nous prodiguer tant d'injures qu'un navire à cent rames n'en saurait supporter le poids. La langue des mortels est flexible et se prête à toutes sortes de discours; un vaste champ est ouvert aux discussions. Autant tu m'adresseras de paroles, autant je t'en adresserai. Mais pourquoi nous déchirer l'un l'autre par des propos outrageants, comme des femmes qui, vivement irritées par une funeste querelle, s'accablent d'outrages, au milieu de la rue, mêlant la vérité au mensonge, selon que la colère les anime? Non, tu ne saurais par tes menaces apaiser ma bouillante ardeur; il nous faut combattre, le fer à la

Ζεὺς δὲ ὀφέλλει τε	Or Jupiter et augmente
μινύθει τε ἀρετὴν	et diminue la vertu (la force)
ἀνδράσσιν, ὅππως κεν ἐθέλῃσιν·	aux hommes, selon qu'il le veut ;
ὁ γὰρ κάρτιστος ἁπάντων.	car il est le plus puissant de tous.
Ἀλλὰ ἄγε	Mais va (allons)
μηκέτι λεγώμεθα ταῦτα,	ne disons plus ces choses,
ὡς νηπύτιοι,	comme de jeunes-enfants,
ἑσταότε	nous tenant
ἐν μέσσῃ ὑσμίνῃ δηϊοτῆτος.	dans le-milieu-de la mêlée du combat.
Ἔστι γὰρ ἀμφοτέροισι	Car il nous est-possible à tous deux
μυθήσασθαι ὀνείδεα	de nous dire des injures
μάλα πολλά·	très-nombreuses ;
νηῦς δὲ ἑκατόζυγος	et un vaisseau à-cent-rames
οὐκ ἂν ἄροιτο ἄχθος.	n'en porterait pas le poids.
Γλῶσσα δὲ βροτῶν	Or la langue des mortels
ἐστὶ στρεπτὴ,	est souple,
ἔνι δὲ μῦθοι πολέες	et en-elle-sont des discours nombreux
παντοῖοι·	de-toute-espèce ;
ἔνθα δὲ καὶ ἔνθα	et il y a ici et là (d'un côté et de l'autre)
νομὸς πολὺς ἐπέων.	une pâture vaste de mots.
Ὁπποῖον ἔπος κεν εἴπῃσθα,	Telle parole tu auras dite,
τοῖόν κεν ἐπακούσαις.	telle parole tu entendras.
Ἀλλὰ τίη ἀνάγκη νῶϊν	Mais pourquoi est-il nécessité à nous
νεικεῖν	de disputer (soutenir)
ἐναντίον ἀλλήλοισιν	vis-à-vis l'un de l'autre
ἔριδας καὶ νείκεα,	des querelles et des disputes,
ὥστε γυναῖκας,	comme des femmes,
αἵτε χολωσάμεναι	qui s'étant irritées
περὶ ἔριδος θυμοβόροιο	par suite d'une rixe qui-ronge-le-cœur
νεικεῦσιν ἀλλήλῃσιν,	se reprochent l'une à l'autre,
ἰοῦσαι ἐς μέσην ἀγυιὰν,	étant allées au milieu-de la rue,
πολλὰ	beaucoup de choses
ἐτεά τε καὶ οὐχί·	et vraies et non vraies ;
χόλος δέ τε καὶ	car la colère aussi
κελεύει τά.	ordonne de dire ces choses.
Ἐπέεσσι δὲ	Or par tes paroles
οὐκ ἀποτρέψεις ἀλκῆς	tu ne détourneras pas du courage
με μεμαῶτα,	moi étant-plein-d'ardeur,
πρὶν μαχέσασθαι ἐναντίον	avant d'avoir combattu en-face
χαλκῷ.	avec l'airain.

2.

γευσόμεθ' ἀλλήλων χαλκήρεσιν ἐγχείῃσιν. »

Ἦ ῥα, καὶ ἐν δεινῷ σάκει ἤλασ' ὄβριμον ἔγχος,
σμερδαλέῳ· μέγα δ' ἀμφὶ σάκος μύκε δουρὸς ἀκωκή.   260
Πηλείδης δὲ σάκος μὲν ἀπὸ ἕο χειρὶ παχείῃ
ἔσχετο, ταρβήσας· φάτο γὰρ δολιχόσκιον ἔγχος
ῥέα διελεύσεσθαι μεγαλήτορος Αἰνείαο·
νήπιος! οὐδ' ἐνόησε κατὰ φρένα καὶ κατὰ θυμὸν
ὡς οὐ ῥηΐδι' ἐστὶ θεῶν ἐρικυδέα δῶρα   65
ἀνδράσι γε θνητοῖσι δαμήμεναι, οὐδ' ὑποείκειν.
Οὐδὲ τότ' Αἰνείαο δαΐφρονος ὄβριμον ἔγχος
ῥῆξε σάκος· χρυσὸς γὰρ ἐρύκακε, δῶρα θεοῖο·
ἀλλὰ δύω μὲν ἔλασσε διὰ πτύχας, αἱ δ' ἄρ' ἔτι τρεῖς
ἦσαν· ἐπεὶ πέντε πτύχας ἤλασε Κυλλοποδίων,   270
τὰς δύο χαλκείας, δύο δ' ἔνδοθι κασσιτέροιο,
τὴν δὲ μίαν χρυσέην· τῇ ῥ' ἔσχετο μείλινον ἔγχος.

main. Hâtons-nous donc de nous mesurer avec nos lances à la pointe d'airain. »

Il dit, et fait voler sa forte lance qui frappe le terrible et redoutable bouclier ; le bouclier retentit avec fracas sous le coup. De son robuste bras le fils de Pélée, tout tremblant, écarte de lui son bouclier ; il craint que la longue javeline du magnanime Énée ne le traverse aisément. L'insensé ! Il ne réfléchit pas au fond de son âme qu'il n'est pas facile à des mortels de triompher à leur gré des illustres présents des dieux. La lance impétueuse du belliqueux Énée ne rompt pas le bouclier ; l'or, présent d'un dieu, le préserve ; l'arme traverse les deux premières lames ; trois autres restent encore ; car Vulcain avait recouvert le bouclier de cinq lames épaisses ; les deux lames extérieures sont d'airain, les deux lames intérieures sont d'étain, et celle du milieu est d'or ; c'est elle qui arrête la lance de frêne.

Ἀλλὰ ἄγε, θᾶσσον	Mais va (allons), vite
γευσόμεθα ἀλλήλων	éprouvons-nous l'un l'autre
ἐγχείησι χαλκήρεσιν. »	avec nos lances garnies-d'airain. »
Ἦ ῥα,	Il dit donc,
καὶ ἔλασεν ἔγχος ὄβριμον	et il enfonça sa lance forte
ἐν σάκει δεινῷ, σμερδαλέῳ·	dans le bouclier terrible, redoutable;
ἀκωκὴ δὲ ἔουρὸς	et la pointe de la lance
ἀμφίμυκε σάκος μέγα.	résonna-autour du bouclier grand.
Πηλείδης δὲ, ταρβήσας,	Or le fils-de-Pélée, ayant tremblé,
ἔσχετο ἀπὸ ἕο	écarta de lui
χειρὶ παχείῃ	avec sa main robuste
σάκος μέν·	le bouclier à la vérité;
φάτο γὰρ	car il pensa
ἔγχος δολιχόσκιον	la lance à-longue-ombre
μεγαλήτορος Αἰνείαο	du magnanime Énée
διελεύσεσθαι ῥέα·	devoir traverser facilement;
νήπιος! οὐδὲ ἐνόησε	insensé! il ne pensa pas
κατὰ φρένα	dans son esprit
καὶ κατὰ θυμὸν	et dans son cœur
ὡς οὐκ ἔστι ῥηΐδια	qu'il n'est pas facile
δῶρα ἐρικυδέα θεῶν	les présents illustres des dieux
δαμήμεναι	être domptés
ἀνδράσι γε θνητοῖσιν,	du moins par des hommes mortels
οὐδὲ ὑποείκειν.	ni céder à leurs coups.
Τότε δὲ ἔγχος ὄβριμον	Et alors la lance pesante
δαΐφρονος Αἰνείαο	du belliqueux Énée
οὐ ῥῆξε σάκος·	ne rompit point le bouclier;
χρυσὸς γὰρ, δῶρα θεοῖο,	car l'or, présent du dieu,
ἐρύκακεν·	l'arrêta;
ἀλλὰ ἔλασσε μὲν	mais elle passa à la vérité
διὰ δύω πτύχας,	à travers deux lames,
αἱ δὲ τρεῖς ἄρα	et les trois autres donc
ἦσαν ἔτι·	y étaient encore;
ἐπεὶ Κυλλοποδίων	puisque le dieu boiteux
ἤλασε πέντε πτύχας,	y étendit cinq lames,
τὰς δύο χαλκείας,	deux d'-airain,
δύο δὲ κασσιτέροιο ἔνδοθι,	et deux d'étain en-dedans,
τὴν δὲ μίαν χρυσέην·	et une d'-or;
τῇ ῥα	par celle-ci donc
ἔγχος μείλινον ἔσχετο.	la lance de-frêne fut arrêtée.

Δεύτερος αὖτ' Ἀχιλεὺς προΐει δολιχόσκιον ἔγχος,
καὶ βάλεν Αἰνείαο κατ' ἀσπίδα πάντοσ' ἐΐσην,
ἄντυγ' ὕπο πρώτην, ᾗ λεπτότατος θέε χαλκὸς,   275
λεπτοτάτη δ' ἐπέην ῥινὸς βοός· ἡ δὲ διαπρὸ
Πηλιὰς ἤϊξεν μελίη, λάκε δ' ἀσπὶς ὑπ' αὐτῆς.
Αἰνείας δ' ἐάλη, καὶ ἀπὸ ἕθεν ἀσπίδ' ἀνέσχε,
δείσας· ἐγχείη δ' ἄρ' ὑπὲρ νώτου ἐνὶ γαίῃ
ἔστη ἱεμένη, διὰ δ' ἀμφοτέρους ἕλε κύκλους   280
ἀσπίδος ἀμφιβρότης· ὁ δ' ἀλευάμενος δόρυ μακρὸν
ἔστη (κὰδ δ' ἄχος οἱ χύτο μυρίον ὀφθαλμοῖσι),
ταρβήσας ὅ οἱ ἄγχι πάγη βέλος. Αὐτὰρ Ἀχιλλεὺς
ἐμμεμαὼς ἐπόρουσεν, ἐρυσσάμενος ξίφος ὀξὺ,
σμερδαλέα ἰάχων· ὁ δὲ χερμάδιον λάβε χειρὶ   285
Αἰνείας, μέγα ἔργον, ὃ οὐ δύο γ' ἄνδρε φέροιεν
οἷοι νῦν βροτοί εἰσ'· ὁ δέ μιν ῥέα πάλλε καὶ οἶος.

Achille à son tour darde ensuite une longue javeline, et atteint le
bouclier bien arrondi d'Énée, près du bord, à l'endroit même où l'airain et le cuir sont minces et sans épaisseur. Le frêne du Pélion traverse le bouclier qui retentit sous le coup. Énée, saisi de crainte, se
ramasse et tient son bouclier loin de son corps; la lance d'Achille,
effleurant les épaules du guerrier, va se fixer dans la terre après avoir
brisé les deux bords circulaires du bouclier qui couvrait le héros.
Énée, qui vient d'éviter la longue javeline, s'arrête; une sombre douleur obscurcit ses yeux, il tremble de voir le trait s'enfoncer à ses
pieds. Achille s'élance plein d'ardeur, tenant à la main un glaive
aigu, et poussant des cris horribles; Énée saisit une pierre, poids
énorme, que n'auraient pu porter deux hommes tels que sont aujour-
d'hui les mortels; seul, il la brandit sans effort. Alors il aurait frappé

Ἀχιλεὺς αὖτε	Achille de son côté
προΐει δεύτερον	lançait le second
ἔγχος δολιχόσκιον,	une lance à-longue-ombre,
καὶ κατέβαλεν ἀσπίδα Αἰνείαο	et il frappa le bouclier d'Énée
ἴσην πάντοσε,	égal de-toutes-parts, (bord),
ὑπὸ πρώτην ἄντυγα,	au premier bord (à l'extrémité du
ᾗ θέε	où courait (s'étendait)
χαλκὸς λεπτότατος,	un airain très-mince,
ἐπῆν δὲ ῥινὸς βοός·	et par-dessus-était une peau de bœuf
λεπτοτάτη·	très-mince ;
ἡ δὲ μελίη Πηλιὰς	et le frêne du-Pélion
ἦλθε διαπρό,	s'élança de-part-en-part,
ἀσπὶς δὲ λάκεν ὑπὸ αὐτῆς.	et le bouclier retentit sous celui-ci.
Αἰνείας δὲ, δείσας, ἔαλη,	Or Énée, ayant craint, se ramassa,
καὶ ἀνέσχεν ἀσπίδα ἀπὸ ἕθεν·	et leva son bouclier loin-de-lui ;
ἐγχείη δὲ ἄρα	et la lance donc
ἱεμένη	désirant-aller plus loin
ἔστη ἐνὶ γαίῃ	s'arrêta dans la terre
ὑπὲρ νώτου,	au-dessus du dos d'Énée,
δίελε δὲ	et elle partagea (avait brisé)
ἀμφοτέρους κύκλους	les deux bords-circulaires
ἀσπίδος ἀμφιβρότης·	du bouclier qui-couvre-l'homme ;
ὁ δὲ,	mais celui-ci,
ἀλευάμενος μαχρὸν δόρυ,	ayant évité la longue lance,
ἔστη	s'arrêta
(ἄχος δὲ μυρίον	(et une douleur immense
κατέχυτο ὀφθαλμοῖσίν οἱ),	se répandit-sur les yeux à lui),
ταρβήσας ὃ βέλος	ayant tremblé de ce que le trait
πάγη ἄγχι οἱ.	s'était enfoncé près de lui.
Αὐτὰρ Ἀχιλεὺς ἐπόρουσεν	Alors Achille s'élança
ἐμμεμαὼς,	étant-plein-d'ardeur,
ἐρυσσάμενος ξίφος ὀξὺ,	ayant tiré son glaive aigu,
ἰάχων σμερδαλέα·	poussant-des-cris horribles ;
ὁ δὲ Αἰνείας λάβε χειρὶ	mais Énée prit de sa main
χερμάδιον, ἔργον μέγα,	une pierre, chose grande,
ὃ οὐ φέροιεν	laquelle ne porteraient pas
δύο ἄνδρε γε	deux hommes du moins
οἷα βροτοί εἰσι νῦν·	tels-que les mortels sont maintenant ;
ὁ δὲ καὶ οἷος	mais lui même seul
πάλλε μιν ῥέα.	brandissait elle facilement.

'Ένθα κεν Αινείας μὲν ἐπεσσύμενον βάλε πέτρῳ,

ἢ κόρυθ', ἢ σάκος, τό οἱ ἤρκεσε λυγρὸν ὄλεθρον·

τὸν δέ κε Πηλείδης σχεδὸν ἄορι θυμὸν ἀπηύρα,   24

εἰ μὴ ἄρ' ὀξὺ νόησε Ποσειδάων ἐνοσίχθων.

Αὐτίκα δ' ἀθανάτοισι θεοῖς μετὰ μῦθον ἔειπεν·

« Ὢ πόποι, ἦ μοι ἄχος μεγαλήτορος Αἰνείαο,

ὃς τάχα, Πηλείωνι δαμείς, Ἀϊδόσδε κάτεισι,

πειθόμενος μύθοισιν Ἀπόλλωνος ἑκάτοιο,   205

νήπιος, οὐδέ τί οἱ χραισμήσει λυγρὸν ὄλεθρον.

Ἀλλὰ τίη νῦν οὗτος ἀναίτιος ἄλγεα πάσχει,

μὰψ ἕνεκ' ἀλλοτρίων ἀχέων, κεχαρισμένα δ' αἰεὶ

δῶρα θεοῖσι δίδωσι τοὶ οὐρανὸν εὐρὺν ἔχουσιν;

Ἀλλ' ἄγεθ', ἡμεῖς πέρ μιν ὑπ' ἐκ θανάτου ἀγάγωμεν,   300

μήπως καὶ Κρονίδης κεχολώσεται, αἴ κεν Ἀχιλλεὺς

τόνδε κατακτείνῃ· μόριμον δέ οἱ ἐστ' ἀλέασθαι,

ὄφρα μὴ ἄσπερμος γενεὴ καὶ ἄφαντος ὄληται

de cette pierre l'impétueux Achille, mais le casque ou le bouclier préserve le héros du coup fatal; et le fils de Pélée aurait avec son glaive ravi le jour à son ennemi, si Neptune qui ébranle la terre, l'apercevant aussitôt, n'eût adressé ces paroles aux autres immortels:

« Grands dieux! Je suis pénétré de douleur en voyant que le magnanime Énée, dompté par Achille, va bientôt descendre dans les demeures de Pluton, cédant aux paroles d'Apollon qui lance au loin les traits; insensé! Il ne le préservera point de la triste mort. Mais pourquoi maintenant ce héros, qui n'est point coupable, souffrirait-il sans raison des maux que d'autres ont mérités? Toujours Énée porte d'agréables offrandes aux dieux qui habitent le vaste ciel. Courage donc; arrachons-le nous-mêmes à la mort; redoutons la colère du fils de Saturne, si Achille venait à immoler ce guerrier. Le destin veut qu'il échappe au trépas; Il défend que la race de Dardanus s'é

Ἔνθα Αἰνείας μὲν	Alors Énée à la vérité
βάλε κε πέτρῳ	aurait frappé avec sa pierre
ἐπεσσύμενον,	Achille s'élançant,
ἢ κόρυθα, ἠὲ σάκος,	ou sur le casque, ou sur le bouclier,
τὸ ἔρκεσίν οἱ	lequel écarta de lui
λυγρὸν ὄλεθρον·	la triste mort ;
Πηλείδης δέ	et le fils-de-Pélée
κεν ἀπηύρα τὸν	aurait enlevé à celui-ci
θυμὸν	le souffle-vital
σχεδὸν δορι,	de près avec son glaive,
εἰ ἄρα Ποσειδάων ἐνοσίχθων	si donc Neptune qui-ébranle-la-terre
μὴ νόησεν ὀξύ.	ne l'avait aperçu promptement.
Αὐτίκα δὲ μετέειπε μῦθον	Or aussitôt il dit *cette* parole
θεοῖς ἀθανάτοισιν·	parmi les dieux immortels :
« Ὢ πόποι,	« Ô grands-dieux,
ἦ ἄχος μοι	certes de la douleur *est* à moi
μεγαλήτορος Αἰνείαο,	d *cause* du magnanime Énée,
ὃς, δαμεὶς Πηλείωνι,	qui, dompté par le fils-de-Pélée,
κάτεισι τάχα Ἀϊδόσδε,	descendra bientôt chez-Pluton,
πειθόμενος μύθοισιν Ἀπόλλωνος	obéissant aux paroles d'Apollon
ἑκάτοιο·	qui-lance-au-loin-les-traits ;
νήπιος,	insensé,
οὐδὲ χραισμήσει τί οἱ	or il (Apollon) n'écartera pas de lui
λυγρὸν ὄλεθρον.	la triste mort.
Ἀλλὰ τίη νῦν	Mais pourquoi maintenant
οὗτος ἀναίτιος	celui-ci non-coupable
πάσχει ἄλγεα μὰψ,	souffre-t-il des douleurs sans-raison,
ἕνεκα ἀχέων	à cause des peines
ἀλλοτρίων,	d'-autrui (méritées par d'autres),
δίδωσι δὲ αἰεὶ	et donne-t-il (lui qui donne) toujours
δῶρα κεχαρισμένα θεοῖσι	des présents agréables aux dieux
τοὶ ἔχουσιν εὐρὺν οὐρανόν ;	qui occupent le vaste ciel ?
Ἀλλὰ ἄγετε, ἡμεῖς περ	Mais allez (allons), nous du moins
ὑπαγάγωμέν μιν ἐκ θανάτου,	dérobons-le à la mort,
μήπως· καὶ	de-peur-que-par-hasard aussi
Κρονίδης κεχολώσεται,	le fils-de-Saturne ne s'irrite,
αἴκεν Ἀχιλλεὺς κατακτείνῃ τόνδε·	si Achille tue lui ;
ἐστὶ δὲ μόριμόν οἱ	or il est dans-la-destinée à lui
ἀλέασθαι,	d'échapper à *la mort*,
ὄφρα γενεὴ Δαρδάνου,	afin que la race de Dardanus,

Δαρδάνου, ὃν Κρονίδης περὶ πάντων φίλατο παίδων
οἳ ἕθεν ἐξεγένοντο, γυναικῶν τε θνητάων.   305
Ἤδη γὰρ Πριάμου γενεὴν ἤχθηρε Κρονίων·
νῦν δὲ δὴ Αἰνείαο βίη Τρώεσσιν ἀνάξει,
καὶ παίδων παῖδες, τοί κεν μετόπισθε γένωνται. »

     Τὸν δ' ἠμείβετ' ἔπειτα βοῶπις πότνια Ἥρη·

« Ἐννοσίγαι', αὐτὸς σὺ μετὰ φρεσὶ σῇσι νόησον   310
Αἰνείαν, ἤ κέν μιν ἐρύσσεαι, ἤ κεν ἐάσεις
Πηλείδῃ Ἀχιλῆϊ δαμήμεναι, ἐσθλὸν ἐόντα.
Ἤτοι μὲν γὰρ νῶϊ πολέας ὠμόσσαμεν ὅρκους
πᾶσι μετ' ἀθανάτοισιν, ἐγὼ καὶ Παλλὰς Ἀθήνη,
μήποτ' ἐπὶ Τρώεσσιν ἀλεξήσειν κακὸν ἦμαρ,   315
μηδ' ὁπότ' ἂν Τροίη μαλερῷ πυρὶ πᾶσα δάηται
δαιομένη, δαίωσι δ' Ἀρήϊοι υἷες Ἀχαιῶν. »

     Αὐτὰρ ἐπεὶ τόγ' ἄκουσε Ποσειδάων ἐνοσίχθων,
βῆ δ' ἴμεν ἀν τε μάχην καὶ ἀνὰ κλόνον ἐγχειάων·

teigne et s'anéantisse; Dardanus était, de tous les enfants que Jupiter
eut de femmes mortelles, celui qu'il chérissait le plus. La race de
Priam est odieuse au fils de Saturne; mais bientôt régneront sur les
Troyens le belliqueux Énée et les enfants de ses enfants jusqu'à la
postérité la plus reculée. »

La vénérable Junon, au regard imposant, lui répond :

« Dieu qui ébranles la terre, vois si tu veux sauver Énée ou le
laisser, malgré sa valeur, succomber sous les coups d'Achille fils de
Pélée. Oui, Pallas et moi, nous avons plus d'une fois devant les immortels prononcé le serment de ne jamais écarter des Troyens le
jour fatal, quand même Troie serait livrée tout entière à la violence de l'incendie qu'auraient allumé les fils belliqueux des
Achéens. »

En entendant ces mots, Neptune qui ébranle la terre s'élance aussitôt à travers le combat, à travers les javelots qui sifflent, et arrive

ὃν Κρονίδης φίλατο | lequel le fils-de-Saturne a chéri
περὶ πάντων παίδων | au-dessus de tous les enfants
οἳ ἐξεγένοντο ἕθεν | qui sont nés de lui
γυναικῶν τε θνητάων, | et de femmes mortelles,
μὴ ὄληται ἄσπερμος | ne périsse pas sans-postérité
καὶ ἄφαντος. | et tout-à-fait-anéantie.
Κρονίων γὰρ ἤδη | Car le fils-de-Saturne déjà
ἤχθηρε γενεὴν Πριάμου· | a pris-en-haine la race de Priam ;
νῦν δὲ δὴ | et maintenant certes
βίη Αἰνείαο | la force d'Énée (le vaillant Énée)
ἀνάξει Τρώεσσι, | commandera aux Troyens,
καὶ παῖδες παίδων, | ainsi-que les enfants de ses enfants,
τοί κε γένωνται μετόπισθε. » | qui naîtront dans-la-suite. »
   Πότνια δὲ Ἥρη | Or la vénérable Junon
βοῶπις | aux-yeux-de-génisse
ἠμείβετο ἔπειτα τόν· | répondit ensuite à lui :
   « Ἐννοσίγαιε, | « Dieu qui-ébranles-la-terre,
σὺ αὐτὸς νόησον Αἰνείαν | toi-même pense à Énée
μετὰ σῇσι φρεσίν, | dans tes esprits,
ἢ κεν ἐρύσσεαί μιν, | si tu tireras lui du danger,
ἢ κεν ἐάσεις, | ou-si tu laisseras
ἐόντα ἐσθλὸν, δαμήμεναι | lui, étant brave, être dompté
Ἀχιλῆϊ Πηλείδῃ. | par Achille fils-de-Pélée.
Ἤτοι γὰρ μὲν νῶϊ, | Car certes à la vérité nous-deux,
ἐγὼ καὶ Παλλὰς Ἀθήνη, | moi et Pallas Minerve,
ὠμόσσαμεν | nous avons juré
ὅρκους πολέας, | des serments nombreux,
μήκοτε ἐπαλεξήσειν Τρώεσσιν | de ne jamais écarter des Troyens
ἦμαρ κακὸν, | le jour fatal,
μηδὲ ὁπότε Τροίη πᾶσα | pas-même quand Troie entière
ἂν δάηται δαιομένη | brûlerait embrasée
πυρὶ μαλερῷ, | par un feu impétueux,
υἷες δὲ Ἀρήϊοι Ἀχαιῶν | et que les fils belliqueux des Achéens
δαίωσιν. » | l'incendieraient. »
   Αὐτὰρ ἐπεὶ Ποσειδάων | Mais lorsque Neptune
ἐνοσίχθων | qui-ébranle-la-terre
ἄκουσε τόγε, | eut entendu cela,
βῆ ῥα ἴμεν | il partit donc pour aller
ἀν τε μάχην | et à travers le combat
καὶ ἀνὰ κλόνον ἐγχειάων· | et à travers le bruit des lances ;

ἷξε δ' ὅθ' Αἰνείας ἠδ' ὁ κλυτὸς ἦεν Ἀχιλλεύς.   320

Αὐτίκα τῷ μὲν ἔπειτα κατ' ὀφθαλμῶν χέεν ἀχλὺν,

Πηλείδῃ Ἀχιλῆϊ· ὁ δὲ μελίην εὔχαλκον

ἀσπίδος ἐξέρυσεν μεγαλήτορος Αἰνείαο·

καὶ τὴν μὲν προπάροιθε ποδῶν Ἀχιλῆος ἔθηκεν·

Αἰνείαν δ' ἔσσευεν ἀπὸ χθονὸς ὑψόσ' ἀείρας.   325

Πολλὰς δὲ στίχας ἡρώων, πολλὰς δὲ καὶ ἵππων

Αἰνείας ὑπεράλτο, θεοῦ ἀπὸ χειρὸς ὀρούσας·

ἷξε δ' ἐπ' ἐσχατιὴν πολυάϊκος πολέμοιο,

ἔνθα δὲ Καύκωνες πόλεμον μέτα θωρήσσοντο[1].

Τῷ δὲ μάλ' ἐγγύθεν ἦλθε Ποσειδάων ἐνοσίχθων,   330

καί μιν φωνήσας ἔπεα πτερόεντα προσηύδα·

« Αἰνεία, τίς σ' ὧδε θεῶν ἀτέοντα κελεύει

ἀντία Πηλείωνος ὑπερθύμοιο μάχεσθαι,

ὅς σευ ἅμα κρείσσων καὶ φίλτερος ἀθανάτοισιν;

Ἀλλ' ἀναχωρῆσαι, ὅτε κεν συμβλήσεαι αὐτῷ,   335

μὴ καὶ ὑπὲρ μοῖραν δόμον Ἄϊδος εἰσαφίκηαι.

Αὐτὰρ ἐπεί κ' Ἀχιλεὺς θάνατον καὶ πότμον ἐπίσπῃ,

près d'Énée et de l'illustre Achille. Soudain il répand un sombre nuage sur les yeux d'Achille fils de Pélée; il retire du bouclier du magnanime Énée le frêne garni d'une pointe d'airain, le dépose aux pieds d'Achille et soulève Énée qu'il ranime. Énée, soutenu par la main du dieu, a bientôt franchi les rangs pressés des héros et des chevaux, et il arrive à l'extrémité du champ de bataille, où les Caucones s'armaient pour le combat. Neptune qui ébranle la terre s'approche de lui et lui adresse ces paroles qui volent rapides :

« Énée, quel est celui des dieux qui t'abuse et t'anime à combattre contre le magnanime Achille, guerrier plus puissant que toi et plus cher aux immortels? Recule à son approche, si tu ne veux descendre, avant le temps marqué par les destins, au séjour de Pluton. Lorsqu'Achille aura subi l'arrêt de la Parque, tu pourras alors, plein de

ἶξε δὲ ὅθι ἦεν Αἰνείας	et il arriva où était Énée
ἠδὲ ὁ κλυτὸς Ἀχιλλεύς.	et l'illustre Achille.
Αὐτίκα ἔπειτα μὲν	Aussitôt ensuite à la vérité
χέεν ἀχλὺν	il répandit un nuage
κατὰ ὀφθαλμῶν τῷ,	sur les yeux à celui-ci,
Ἀχιλῆι Πηλείδῃ·	à Achille fils-de-Pélée ;
ὁ δὲ ἐξέρυσεν	et lui-même arracha
ἀσπίδος μεγαλήτορος Αἰνείαο	du bouclier du magnanime Énée
μελίην εὔχαλκον·	le frêne garni-d'airain ;
καὶ ἔθηκε τὴν μὲν	et il plaça celui-ci à la vérité
προπάροιθε ποδῶν Ἀχιλῆος·	devant les pieds d'Achille ;
ἔσσευε δὲ Αἰνείαν	et il poussa Énée
ἀείρας ἀπὸ χθονὸς ὑψόσε.	l'ayant enlevé de terre en-l'air.
Αἰνείας δὲ	Et Énée
ὑπέραλτο στίχας πολλὰς	sauta-par-dessus des rangs nombreux
ἡρώων,	de héros,
πολλὰς δὲ καὶ	et des rangs nombreux aussi
ἵππων,	de chevaux,
ὀρούσας ἀπὸ χειρὸς θεοῦ·	s'étant élancé par la main d'un dieu ;
ἶξε δὲ ἐπὶ ἐσχατιὴν	et il vint à l'extrémité
πολέμοιο πολυάικος,	du combat très-violent,
ἔνθα δὲ Καύκωνες	et là les Caucones
θωρήσσοντο μετὰ πόλεμον.	se cuirassaient pour la guerre.
Ποσειδάων δὲ ἐνοσίχθων	Or Neptune qui-ébranle-la-terre
ἦλθε μάλα ἐγγύθεν τῷ,	vint tout près de celui-ci,
καὶ φωνήσας προσηύδα μιν	et ayant parlé adressa-à lui
ἔπεα πτερόεντα·	ces paroles ailées :
« Αἰνεία, τίς θεῶν	« Énée, lequel des dieux
κελεύει ὧδέ σε ἀτέοντα	ordonne ainsi toi étant-aveuglé
μάχεσθαι	combattre
ἀντία ὑπερθύμοιο Πηλείωνος,	en-face du magnanime fils-de-Pélée,
ὃς ἅμα κρείσσων σου	lequel est à la fois plus fort que toi
καὶ φίλτερος ἀθανάτοισιν ;	et plus cher aux immortels ?
Ἀλλὰ ἀναχωρῆσαι,	Mais retire-toi,
ὅτε κε συμβλήσεαι αὐτῷ,	lorsque tu rencontreras lui,
μὴ εἰσαφίκηαι	de peur que tu n'arrives
δόμον Ἄιδος	dans la demeure de Pluton
καὶ ὑπὲρ μοῖραν.	même malgré la destinée.
Αὐτὰρ ἐπεὶ Ἀχιλεὺς	Mais lorsque Achille
ἐπίσπῃ κε θάνατον καὶ πότμον,	aura atteint la mort et le destin,

ΙΛΙΑΔΟΣ Υ.

Θαρσήσας δὴ ἔπειτα μετὰ πρώτοισι μάχεσθαι·
οὐ μὲν γάρ τίς σ' ἄλλος Ἀχαιῶν ἐξεναρίξει. »

Ὣς εἰπὼν, λίπεν αὐτόθ', ἐπεὶ διεπέφραδε πάντα.   319
Αἶψα δ' ἔπειτ' Ἀχιλῆος ἀπ' ὀφθαλμῶν σκέδασ' ἀχλὺν
θεσπεσίην· ὁ δ' ἔπειτα μέγ' ἔξιδεν ὀφθαλμοῖσιν·
ὀχθήσας δ' ἄρα εἶπε πρὸς ὃν μεγαλήτορα θυμόν·

« Ὦ πόποι, ἦ μέγα θαῦμα τόδ' ὀφθαλμοῖσιν ὁρῶμαι·
ἔγχος μὲν τόδε κεῖται ἐπὶ χθονὸς, οὐδέ τι φῶτα   315
λεύσσω τῷ ἐφέηκα, κατακτάμεναι μενεαίνων.
Ἦ ῥα καὶ Αἰνείας φίλος ἀθανάτοισι θεοῖσιν
ἦεν· ἀτάρ μιν ἔφην μὰψ αὔτως εὐχετάασθαι.
Ἐρρέτω· οὔ οἱ θυμὸς ἐμεῦ ἔτι πειρηθῆναι
ἔσσεται, ὃς καὶ νῦν φύγεν ἄσμενος ἐκ θανάτοιο.   350
Ἀλλ' ἄγε δὴ, Δαναοῖσι φιλοπτολέμοισι κελεύσας,
τῶν ἄλλων Τρώων πειρήσομαι ἀντίος ἐλθών. »

Ἦ, καὶ ἐπὶ στίχας ἄλτο· κέλευε δὲ φωτὶ ἑκάστῳ·

confiance, combattre aux premiers rangs ; car aucun autre Achéen ne
te donnera la mort. »

A ces mots, il le laisse, après lui avoir tout dévoilé. Aussitôt il dissipe le nuage épais qui obscurcit les yeux d'Achille. Le héros porte au loin ses regards, et, gémissant, il dit en son cœur magnanime :

« Grands dieux ! Quel prodige étonnant ! Ma lance gît sur le sol, et je n'aperçois point le guerrier contre lequel je l'avais dirigée, et que j'étais impatient d'immoler. Oui, sans doute, Énée est cher aux dieux immortels ! Je croyais qu'il se glorifiait vainement de leur protection. Qu'il s'en aille ; mais il ne voudra plus se mesurer avec moi ; il doit se trouver heureux d'avoir échappé à la mort. Allons exhorter les belliqueux Achéens, et nous essayerons de lutter contre les autres Troyens. »

Il dit et s'élance à travers les rangs, et encourage tous les combattants :

ἔπειτα δὴ θαρσήσας· | ensuite alors t'étant rassuré
μάχεσθαι | tu peux combattre
μετὰ πρώτοισιν· | parmi les premiers;
οὔτις γὰρ ἄλλος Ἀχαιῶν | car aucun autre des Achéens
ἐξεναρίξει σε μέν. » | ne dépouillera toi à la vérité. »
Εἰπὼν ὥς, | Ayant dit ainsi,
λίπεν αὐτόθι, | il le laissa là-même,
ἐπεὶ διεπέφραδε πάντα. | lorsqu'il eut dit-clairement tout.
Ἔπειτα δὲ αἶψα | Or ensuite aussitôt
σκέδασεν ἀχλὺν θεσπεσίην | il dissipa le nuage immense
ἀπὸ ὀφθαλμῶν Ἀχιλῆος· | des yeux d'Achille ;
ἔπειτα δὲ ὁ | et ensuite celui-ci
ἴδε μέγα ὀφθαλμοῖσιν· | vit grandement (bien) de ses yeux ;
ὀχθήσας δὲ ἄρα εἶπε | et ayant donc gémi il dit
πρὸς ὃν θυμὸν μεγαλήτορα· | à (en) son cœur magnanime :
« Ὦ πόποι, | « O grands-dieux,
ἦ ὁρῶμαι ὀφθαλμοῖσι | certes je vois de mes yeux
τόδε θαῦμα μέγα· | ce prodige grand ;
τόδε ἔγχος μὲν | cette lance à la vérité
κεῖται ἐπὶ χθονός, | gît sur la terre,
οὐδὲ λεύσσω τι φῶτα | et je ne vois plus l'homme
τῷ ἐφέηκα, | contre lequel je l'ai envoyée,
μενεαίνων κατακτάμεναι. | désirant le tuer.
Ἦ ῥα Αἰνείας καὶ | Certes donc Énée aussi
ἦε φίλος θεοῖσιν ἀθανάτοισιν· | était cher aux dieux immortels ;
ἀτὰρ ἔφην μιν | mais je pensais lui
εὐχετάασθαι αὔτως μάψ. | se glorifier ainsi vainement.
Ἐρρέτω· | Qu'il s'en aille ;
θυμὸς οὐκ ἔσσεται ἔτι οἱ | le cœur ne sera plus à lui
πειρηθῆναι ἐμεῦ, | d'essayer (de se mesurer avec) moi,
ὃς νῦν καὶ | lui qui maintenant aussi
φύγεν ἀσμενος | a fui volontiers
ἐκ θανάτοιο. | loin de la mort.
Ἀλλὰ ἄγε δή, | Mais allons donc,
κελεύσας | ayant donné-des-ordres
Δαναοῖσι φιλοπτολέμοισι, | aux Grecs amis-des-combats,
πειρήσομαι τῶν ἄλλων Τρώων | j'essayerai les autres Troyens
ἐλθὼν ἀντίος. » | étant allé au-devant-d'eux. »
Ἦ, καὶ ἆλτο ἐπὶ στίχας· | Il dit, et sauta dans les rangs ;
κέλευε δὲ ἑκάστῳ φωτί· | et il excitait chaque homme :

« Μηκέτι νῦν Τρώων ἑκὰς ἕστατε, δῖοι Ἀχαιοί,
ἀλλ' ἄγ', ἀνὴρ ἄντ' ἀνδρὸς ἴτω, μεμάτω δὲ μάχεσθαι.   355
Ἀργαλέον δέ μοί ἐστι, καὶ ἰφθίμῳ περ ἐόντι,
τοσσούσδ' ἀνθρώπους ἐφέπειν καὶ πᾶσι μάχεσθαι·
οὐδέ κ' Ἄρης, ὅσπερ θεὸς ἄμβροτος, οὐδέ κ' Ἀθήνη
τοσσῆσδ' ὑσμίνης ἐφέποι στόμα[1], καὶ πονέοιτο·
ἀλλ' ὅσσον μὲν ἐγὼ δύναμαι χερσίν τε ποσίν τε,   360
καὶ σθένει, οὔ μέ τί φημι μεθησέμεν, οὐδ' ἠβαιόν·
ἀλλὰ μάλα στιχὸς εἶμι διαμπερές, οὐδέ τιν' οἴω
Τρώων χαιρήσειν ὅστις σχεδὸν ἔγχεος ἔλθῃ. »

Ὡς φάτ' ἐποτρύνων· Τρώεσσι δὲ φαίδιμος Ἕκτωρ
κέκλεθ' ὁμοκλήσας, φάτο δ' ἴμμεναι ἄντ' Ἀχιλῆ·ς·   365

« Τρῶες ὑπέρθυμοι, μὴ δείδιτε Πηλείωνα·
καί κεν ἐγὼν ἐπέεσσι καὶ ἀθανάτοισι μαχοίμην·
ἔγχεϊ δ' ἀργαλέον, ἐπεὶ ἦ πολὺ φέρτεροί εἰσιν.

« Divins Achéens, ne vous éloignez pas des Troyens. Allons, mar-
chez guerrier contre guerrier ; que l'ardeur vous enflamme. Ni Mars,
ce dieu immortel, ni Minerve ne pourrait, même avec effort, soutenir le choc impétueux d'une si nombreuse armée. Toutefois, je ferai
usage, autant que je le pourrai, de mes mains et de mes pieds et de
mon audace, et j'espère ne pas me ralentir un seul instant. Je me
précipite à travers les rangs, et je ne crois pas que mon approche
réjouisse celui des Troyens qui se trouvera près de ma lance. »

C'est ainsi qu'Achille anime ses guerriers. Cependant le brillant Hector encourage les Troyens et leur dit qu'il va marcher contre
Achille :

« Magnanimes Troyens, ne craignez pas le fils de Pélée ; moi aussi,
par de vaines paroles, je pourrais combattre les immortels. Mais il
est difficile de les attaquer avec une lance, car ils sont bien plus puis-

« Μηκέτι ἔστατε νῦν
ἑκὰς Τρώων,
δῖοι Ἀχαιοί,
ἀλλὰ ἄγε,
ἀνὴρ ἴτω
ἄντα ἀνδρός,
μεμάτω δὲ μάχεσθαι.
Ἔστι δὲ ἀργαλέον μοι
καίπερ ἐόντι ἰφθίμῳ,
ἐφέπειν τοσσούσδε ἀνθρώπους·
καὶ μάχεσθαι πᾶσιν·
οὐδὲ Ἄρης κεν, ὅσπερ
θεὸς ἄμβροτος,
οὐδὲ Ἀθήνη ἐφέποι κε
στόμα τοσσῆσδε ὑσμίνης,
καὶ πονέοιτο·
ἀλλὰ ὅσσον ἐγὼ μὲν
δύναμαι χερσί τε
ποσί τε, καὶ σθένει,
οὔ φημί με
μεθησέμεν τι,
οὐδὲ ἠβαιόν·
ἀλλὰ εἶμι μάλα διαμπερὲς
στίχος,
οὐδὲ οἴω τινὰ Τρώων,
ὅστις ἔλθῃ σχεδὸν ἔγχεος,
χαιρήσειν. »
Φάτο ὣς ἐποτρύνων·
φαίδιμος δὲ Ἕκτωρ ὁμοκλήσας
κέκλετο Τρώεσσι,
φάτο δὲ ἴμμεναι
ἄντα Ἀχιλῆος·
« Τρῶες ὑπέρθυμοι,
μὴ δείδιτε Πηλείωνα·
καὶ ἐγών κε μαχοίμην
ἐπέεσσι
καὶ ἀθανάτοισιν·
ἀργαλέον δὲ
ἔγχει,
ἐπειὴ εἰσι πολὺ φέρτεροι.

« Ne restez plus maintenant
loin des Troyens,
divins Achéens,
mais allons (courage),
qu'un homme aille
en-face d'un homme,
et désire-vivement combattre.
Or il est difficile à moi,
quoique étant courageux,
de poursuivre tant d'hommes,
et de combattre avec tous;
ni Mars, qui-cependant
est un dieu immortel,
ni Minerve ne parcourrait
le gouffre d'une telle guerre,
et ne le ferait-même-avec-de-la-peine;
mais autant-que moi à la vérité
je puis et par les mains
et par les pieds, et par la force,
je ne pense pas moi [se,
devoir relâcher cela en quelque cho-
pas même un peu;
mais je vais tout-à-fait entièrement
à travers les rangs, [Troyens,
et je ne pense pas quelqu'un des
qui sera venu près de ma lance,
devoir se réjouir. »
Il dit ainsi exhortant;
et le brillant Hector ayant crié
excitait les Troyens,
et il leur dit aller (qu'il va)
en-face d'Achille :
« Troyens magnanimes,
ne craignez pas le fils-de-Pélée;
et moi je pourrais-combattre
par les paroles
même avec les immortels;
mais il est difficile de les combattre
avec une lance,
puisqu'ils sont beaucoup plus forts.

Οὐδ' Ἀχιλεὺς πάντεσσι τέλος μύθοις ἐπιθήσει,
ἀλλὰ τὸ μὲν τελέει, τὸ δὲ καὶ μεσσηγὺ κολούσει.   370
Τῷ δ' ἐγὼ ἀντίος εἶμι, καὶ εἰ πυρὶ χεῖρας ἔοικεν,
εἰ πυρὶ χεῖρας ἔοικε, μένος δ' αἴθωνι σιδήρῳ[1]. »

   Ὣς φάτ' ἐποτρύνων· οἱ δ' ἀντίοι ἔγχε' ἄειραν
Τρῶες· τῶν τ' ἀμυδις μίχθη μένος, ὦρτο δ' ἀϋτή.
Καὶ τότ' ἄρ' Ἕκτορα εἶπε παραστὰς Φοῖβος Ἀπόλλων·   375

   « Ἕκτορ, μηκέτι πάμπαν Ἀχιλλῆϊ προμάχιζε,
ἀλλὰ κατὰ πληθύν τε καὶ ἐκ φλοίσβοιο δέδεξο,
μήπως σ' ἠὲ βάλῃ, ἠὲ σχεδὸν ἄορι τύψῃ. »

   Ὣς ἔφαθ'· Ἕκτωρ δ' αὖτις ἐδύσατο οὐλαμὸν ἀνδρῶν,
ταρβήσας, ὅτ' ἄκουσε θεοῦ ὄπα φωνήσαντος.   380
Ἐν δ' Ἀχιλεὺς Τρώεσσι θόρε, φρεσὶν εἱμένος ἀλκήν,
σμερδαλέα ἰάχων· πρῶτον δ' ἕλεν Ἰφιτίωνα,
ἐσθλὸν Ὀτρυντείδην, πολέων ἡγήτορα λαῶν,
ὃν νύμφη τέκε Νηῒς Ὀτρυντῆϊ πτολιπόρθῳ,
Τμώλῳ ὕπο νιφόεντι, Ὕδης ἐν πίονι δήμῳ·   385

sants que nous. Achille d'ailleurs n'accomplira pas toutes ses pro-
messes; s'il exécute quelques-uns de ses projets, d'autres resteront
inachevés. Aussi je cours à sa rencontre, quand même ses mains auraient la rapidité de la flamme, oui, quand même ses mains auraient
la rapidité de la flamme et la force du fer étincelant. »

   Ainsi le fils de Priam exhorte les Troyens, qui lèvent aussitôt leurs
lances; leurs rangs se pressent, et des cris retentissent de toutes
parts. Alors le brillant Apollon s'approche d'Hector et lui dit :

   « Hector, ne va plus, en avant de l'armée, te mesurer avec Achille;
mais attends-le au sein de la foule et du tumulte, de peur qu'il ne
t'atteigne de son javelot ou ne te frappe de son glaive. »

   Il dit, et Hector rentre au milieu des guerriers, effrayé de la voix
du dieu qu'il vient d'entendre. Achille se précipite parmi les Troyens,
revêtu d'une force indomptable, en poussant d'horribles cris. D'abord
il immole le valeureux fils d'Otryntée, Iphition, chef de peuples nombreux, Iphition que la nymphe Naïs conçut d'Otryntée, destructeur
de villes, dans l'opulente Hydé, au pied du Tmolus toujours couvert

Ἀχιλεὺς δὲ οὐκ ἐπιθήσει τέλος | Et Achille ne mettra pas une fin
πάντεσσι μύθοις, | à toutes *ses* paroles,
ἀλλὰ τελέει τὸ μὲν, | mais il accomplira une chose,
κολούσει τὸ δὲ καὶ μεσσηγύ. | et mutilera l'autre au milieu (la lais-
Ἐγὼ δὲ | Mais moi   (sera inachevée).
εἶμι ἀντίος τῷ, | je vais au-devant-de lui,
καὶ εἰ ἔοικε πυρὶ | même s'il ressemble au feu
χεῖρας, | *par les mains*,
εἰ ἔοικε πυρὶ χεῖρας, | s'il ressemble au feu par les mains,
σιδήρῳ δὲ αἴθωνι μένος. » | et au fer brillant *par la force.* »
    Φάτο ὡς ἐποτρύνων· | Il dit ainsi excitant ;
οἱ δὲ Τρῶες ἄειραν ἔγχεα | et les Troyens levèrent *leurs* lances
ἀντίοι· | *étant* en-face *des Achéens* ;
μένος δὲ τῶν μίχθη ἀμυδὶς, | et la force d'eux fut mêlée ensemble,
αὐτὴ δὲ ὦρτο. | et un cri-de-guerre s'éleva.
Καὶ τότε ἄρα Φοῖβος Ἀπόλλων | Et alors donc Phébus Apollon
παραστὰς εἶπεν Ἕκτορα· | s'étant tenu-près dit à Hector :
    « Ἕκτορ, | « Hector,
μηκέτι προμάχιζε πάμπαν | ne combats-plus-en-avant du tout
Ἀχιλῆι, | avec Achille,
ἀλλὰ δέδεξο κατά τε πληθὺν | mais reçois-*le* et dans la foule
καὶ ἐκ φλοίσβοιο, | et du sein du tumulte,
μήπως ἠὲ βάλῃ σε, | de peur que ou il n'atteigne toi,
ἠὲ τύψῃ σχεδὸν | ou il ne *te* frappe de près
ἄορι. » | avec *son* glaive. »
    Ἔφατο ὡς· | Il dit ainsi ;
Ἕκτωρ δὲ ἐδύσατο αὖτις | et Hector pénétra de nouveau
οὐλαμὸν ἀνδρῶν, | dans la foule des guerriers,
ταρβήσας, | ayant tremblé,
ὅτε ἄκουσεν ὄπα | lorsqu'il eut entendu la voix
θεοῦ φωνήσαντος. | du Dieu ayant parlé.
Ἀχιλεὺς δὲ ἔνθορε Τρώεσσιν, | Mais Achille s'élança-sur les Troyens,
εἱμένος ἀλκὴν φρεσὶν, | *étant* revêtu de force dans *son* cœur,
ἰάχων σμερδαλέα· | poussant-des-cris horribles ;
ἕλε δὲ πρῶτον Ἰφιτίωνα, | et il tua d'abord Iphition,
ἐσθλὸν Ὀτρυντείδην, | brave fils-d'Otryntée,
ἡγήτορα λαῶν πολέων, | chef de peuples nombreux,
ὃν νύμφη Νηῒς τέκεν | lequel la nymphe Naïs enfanta
Ὀτρυντῆι πτολιπόρθῳ, | à Otryntée destructeur-de-villes,
ὑπὸ Τμώλῳ νιφόεντι, | sous le Tmolus neigeux,
    ILIADE, XX. | 3

τὸν δ' ἰθὺς μεμαῶτα βάλ' ἔγχεϊ δῖος Ἀχιλλεὺς
μέσσην κὰκ κεφαλήν· ἡ δ' ἄνδιχα πᾶσα κεάσθη¹.
Δούπησεν δὲ πεσών· ὁ δ' ἐπεύξατο δῖος Ἀχιλλεύς·

« Κεῖσαι, Ὀτρυντείδη, πάντων ἐκπαγλότατ' ἀνδρῶν·
ἐνθάδε τοι θάνατος· γενεὴ δέ τοι ἔστ' ἐπὶ λίμνῃ   390
Γυγαίῃ², ὅθι τοι τέμενος πατρώϊόν ἐστιν,
Ὕλλῳ ἐπ' ἰχθυόεντι καὶ Ἕρμῳ δινήεντι, »

Ὣς ἔφατ' εὐχόμενος· τὸν δὲ σκότος ὄσσε κάλυψε.
Τὸν μὲν Ἀχαιῶν ἵπποι ἐπισσώτροις δατέοντο
πρώτῃ ἐν ὑσμίνῃ· ὁ δ' ἐπ' αὐτῷ Δημολέοντα,   395
ἐσθλὸν ἀλεξητῆρα μάχης, Ἀντήνορος υἱόν,
νύξε κατὰ κρόταφον, κυνέης διὰ χαλκοπαρῄου.
Οὐδ' ἄρα χαλκείη κόρυς ἔσχεθεν, ἀλλὰ δι' αὐτῆς
αἰχμὴ ἱεμένη ῥῆξ' ὀστέον, ἐγκέφαλος δὲ
ἔνδον ἅπας πεπάλακτο· δάμασσε δέ μιν μεμαῶτα.   400
Ἱπποδάμαντα δ' ἔπειτα, καθ' ἵππων ἀΐξαντα,
πρόσθεν ἕθεν φεύγοντα, μετάφρενον οὔτασε δουρί.

de neiges. Au moment où il s'élance, le divin Achille le frappe au milieu du front; la tête se fend et se sépare; et le guerrier fait retentir le sol de sa chute. Alors le divin Achille s'écrie d'un air de triomphe :

« Te voilà étendu, fils d'Otryntée, toi, le plus redoutable des hommes! C'est ici que tu as trouvé la mort, toi qui naquis sur les bords du lac Gygéen, où sont les champs de tes pères, près du poissonneux Hyllus et de l'Hermus au cours impétueux. »

Tandis qu'il tient ce langage orgueilleux, les ténèbres obscurcissent les yeux d'Iphition. Aux premiers rangs, les chars des Achéens déchirent le corps de ce guerrier; Achille renverse ensuite le fils d'Anténor, le brave et belliqueux Démoléon, qu'il frappe à la tempe à travers son casque solide; l'airain dont il est garni n'arrête point le fer; la lance s'enfonce et brise l'os du crâne; toute sa cervelle est confondue, et Achille arrête ainsi son furieux élan. Puis, au moment où Hippodamas saute de son char et prend la fuite, Achille le frappe de sa lance entre les épaules; Hippodamas exhale le souffle de la vie en

ἐν πίονι δήμῳ Ὕδης·
δῖος δὲ Ἀχιλλεὺς βάλεν
ἔγχεῖ κὰκ μέσσην κεφαλὴν
τὸν μεμαῶτα ἰθύς·
ἡ δὲ πᾶσα
κεάσθη ἄνδιχα.
Δούπησεν δὲ πεσών·
ὁ δὲ δῖος Ἀχιλλεὺς ἐπεύξατο·
« Κεῖσαι, Ὀτρυντείδη,
ἐκπαγλότατε πάντων ἀνδρῶν·
θάνατός τοι ἐνθάδε·
γενεὴ δέ τοί ἐστιν
ἐπὶ λίμνῃ Γυγαίῃ,
ὅθι τέμενος πατρώϊόν ἐστί τοι,
ἐπὶ Ὕλλῳ ἰχθυόεντι
καὶ Ἕρμῳ δινήεντι. »
Ἔφατο ὣς εὐχόμενος·
σκότος δὲ κάλυψε
τὸν ὄσσε.
Ἵπποι Ἀχαιῶν μὲν
ἑκτέοντο τὸν
ἐπισσώτροις
ἐν πρώτῃ ὑσμίνῃ·
ὁ δὲ ἐπὶ αὐτῷ
νύξε κατὰ κρόταφον,
διὰ κυνέης χαλκοπαρήου,
Δημολέοντα, υἱὸν Ἀντήνορος,
ἐσθλὸν ἀλεξητῆρα μάχης.
Κόρυς δὲ χαλκείη ἄρα
οὐκ ἔσχεθεν,
ἀλλὰ αἰχμὴ ἱεμένη διὰ αὐτῆς
ῥῆξεν ὀστέον,
ἅπας δὲ ἐγκέφαλος
πεπάλακτο ἔνδον·
δάμασσε δέ μιν μεμαῶτα.
Ἔπειτα δὲ οὔτασε
μετάφρενον δουρὶ
Ἱπποδάμαντα,
καταΐξαντα ἵππων,
φεύγοντα πρόσθεν ἕθεν.

dans l'opulente cité d'Hydé;
or le divin Achille frappa
avec sa lance au milieu-de la tête
lui se précipitant tout-droit;
et celle-ci tout-entière
fut fendue en-deux-parties.
Et il retentit étant tombé;
et le divin Achille se glorifia :
«Tu es-gisant, fils-d'Otryntée,
le plus terrible de tous les hommes;
la mort arrive à toi ici;
et la naissance à toi est (tu naquis)
sur le bord du lac Gygéen,
où un champ paternel est à toi,
près de l'Hyllus poissonneux
et de l'Hermus tournoyant. »
Il dit ainsi se glorifiant;
et l'obscurité couvrit
celui-ci (Iphition) quant aux yeux.
Les chevaux des Achéens à la vérité
déchirèrent lui
par les cercles des roues
dans la première mêlée (au premier
et celui-là (Achille) après lui [rang);
frappa à la tempe,
à travers le casque aux-joues-d'airain,
Démoléon, fils d'Anténor,
brave guerrier qui-écarte le combat.
Et le casque d'-airain donc
n'arrêta point la lance,
mais la pointe allant à travers lui
brisa l'os,
et toute la cervelle
fut troublée intérieurement;
et il dompta lui se précipitant.
Et ensuite il frappa
dans le dos avec sa lance
Hippodamas,
qui-avait-sauté-de ses chevaux,
qui-fuyait devant lui.

Αὐτὰρ ὁ θυμὸν ἄϊσθε καὶ ἤρυγεν, ὡς ὅτε ταῦρος

ἤρυγεν ἑλκόμενος Ἑλικώνιον ἀμφὶ ἄνακτα,

κούρων ἑλκόντων· γάνυται δέ τε τοῖς Ἐνοσίχθων·   105

ὣς ἄρα τόνγ' ἐρυγόντα λίπ' ὀστέα θυμὸς ἀγήνωρ.

Αὐτὰρ ὁ βῆ σὺν δουρὶ μετ' ἀντίθεον Πολύδωρον,

Πριαμίδην· τὸν δ' οὔτι πατὴρ εἴασκε μάχεσθαι,

οὕνεκά οἱ μετὰ παισὶ νεώτατος ἔσκε γόνοιο,

καὶ φίλτατος ἔσκε, πόδεσσι δὲ πάντας ἐνίκα·   110

δὴ τότε νηπιέῃσι, ποδῶν ἀρετὴν ἀναφαίνων,

θῦνε διὰ προμάχων, εἵως φίλον ὤλεσε θυμόν.

Τὸν βάλε μέσσον ἄκοντι ποδάρκης δῖος Ἀχιλλεύς,

νῶτα παραΐσσοντος, ὅθι ζωστῆρος ὀχῆες

χρύσειοι σύνεχον, καὶ διπλόος ἤντετο θώρηξ·   115

ἀντικρὺ δὲ διέσχε παρ' ὀμφαλὸν ἔγχεος αἰχμή·

γνὺξ δ' ἔριπ' οἰμώξας· νεφέλη δέ μιν ἀμφεκάλυψε

gémissant : tel mugit un taureau traîné par des jeunes gens qui vont offrir cette victime au souverain Neptune ; le dieu se réjouit de cet hommage : ainsi gémit le héros qu'abandonne son âme courageuse. Achille fond ensuite avec sa lance sur le divin Polydore, fils de Priam ; son père ne lui avait point permis de combattre ; car il était le plus jeune de ses enfants ; il était aussi le plus tendrement chéri, et il surpassait à la course tous ses rivaux ; voulant alors, par une folle imprudence, faire parade de son agilité, il signala son ardeur aux premiers rangs, jusqu'à ce qu'il eut perdu la vie. Le divin Achille aux pieds légers jette son javelot contre Polydore qui s'élance, et l'atteint au milieu du dos, à l'endroit où les anneaux d'or retiennent le baudrier et où se rejoint la cuirasse. L'arme traverse le corps et ressort près du nombril. Polydore tombe sur ses genoux en gémissant ; une

Αὐτὰρ ὁ ἄισθε θυμὸν   Et celui-ci exhalait l'âme
καὶ ἤρυγεν,   et mugissait,
ὡς ὅτε ταῦρος ἤρυγεν,   comme lorsqu'un taureau mugit,
ἑλκόμενος   étant traîné
ἀμφὶ ἄνακτα Ἑλικώνιον,   autour du roi Héliconien,
κούρων ἑλκόντων·   des jeunes-gens le tirant;
Ἐνοσίχθων δέ τε   et le dieu qui-ébranle-la-terre
γάνυται τοῖς·   se réjouit de ceux-ci:
ὡς ἄρα θυμὸς ἀγήνωρ   ainsi donc l'âme courageuse
λίπεν ὀστέα   abandonna quant aux os
τόν γε ἐρυγόντα.   lui ayant mugi.   [lance
Αὐτὰρ ὁ βῆ σὺν δουρὶ   Alors lui (Achille) marcha avec sa
μετὰ Πολύδωρον ἀντίθεον,   contre Polydore égal-à-un-dieu,
Πριαμίδην·   fils-de-Priam;
πατὴρ δὲ   mais son père
οὔτι ἔασκέ   ne permettait nullement
τὸν μάχεσθαι,   lui combattre,
οὕνεκα ἔσκεν οἱ   parce qu'il était à lui
μετὰ παισὶ   parmi ses enfants
νεώτατος γόνειν,   le plus jeune de naissance,
καὶ ἔσκε φίλτατός οἱ,   et qu'il était le plus cher à lui,
ἐνίκα δὲ πάντας   et qu'il surpassait tous ses rivaux
πόδεσσι·   par les pieds (à la course);
τότε δὴ νηπιέῃσιν,   alors donc par enfantillage,
ἀναφαίνων ἀρετὴν ποδῶν,   montrant la vigueur de ses pieds,
θῦνε   il s'élançait
διὰ προμάχων,   à travers les premiers-combattants,
εἵως ὤλεσε φίλον θυμόν.   jusqu'à ce qu'il perdît sa vie.
Δῖος Ἀχιλλεὺς ποδάρκης   Le divin Achille rapide-des-pieds
βάλεν ἄκοντι τὸν μέσσον,   frappa d'un trait lui au-milieu,
νῶτα παραΐσσοντος,   dans le dos de lui passant-outre,
ὅθι ὄγκες χρύσειοι ζωστῆρος   là-où les liens d'-or du baudrier
σύνεχον,   retenaient le baudrier,   [double;
καὶ θώρηξ ἤντετο διπλόος·   et où la cuirasse se rencontrait
αἰχμὴ δὲ ἔγχεος   or la pointe de la lance
διέσχεν ἀντικρὺ   traversa en ressortant par-devant
παρὰ ὀμφαλόν·   auprès du nombril;
ἔρικε δὲ γνὺξ   et il tomba sur-les-genoux
οἰμώξας·   en gémissant;
νεφέλη δὲ κυανέη   et un nuage sombre

κυανέη, προτὶ οἷ δ' ἔλαβ' ἔντερα χερσὶ λιασθείς.

Ἕκτωρ δ' ὡς ἐνόησε κασίγνητον Πολύδωρον,
ἔντερα χερσὶν ἔχοντα, λιαζόμενον προτὶ γαίη,   420
κάρ ῥά οἱ ὀφθαλμῶν κέχυτ' ἀχλύς· οὐδ' ἄρ' ἔτ' ἔτλη
δηρὸν ἑκὰς στρωφᾶσθ', ἀλλ' ἀντίος ἦλθ' Ἀχιλῆϊ,
ὀξὺ δόρυ κραδάων, φλογὶ εἴκελος. Αὐτὰρ Ἀχιλλεὺς
ὡς εἶδ' ὣς ἀνέπαλτο, καὶ εὐχόμενος ἔπος ηὔδα·

« Ἐγγὺς ἀνὴρ ὃς ἐμόν γε μάλιστ' ἐσεμάσσατο θυμὸν,   425
ὅς μοι ἑταῖρον ἔπεφνε τετιμένον· οὐδ' ἄρ' ἔτι δὴν
ἀλλήλους πτώσσοιμεν ἀνὰ πτολέμοιο γεφύρας. »

Ἦ, καὶ ὑπόδρα ἰδὼν προσεφώνεεν Ἕκτορα δῖον·

« Ἆσσον ἴθ', ὥς κεν θᾶσσον ὀλέθρου πείραθ' ἵκηαι. »

Τὸν δ' οὐ ταρβήσας προσέφη κορυθαίολος Ἕκτωρ·   430

« Πηλείδη, μὴ δή μ' ἐπέεσσί γε, νηπύτιον ὥς,
ἔλπεο δειδίξεσθαι· ἐπεὶ σάφα οἶδα καὶ αὐτὸς
ἠμὲν κερτομίας ἠδ' αἴσυλα μυθήσασθαι.

sombre obscurité l'enveloppe de toutes parts, et en tombant il retient ses entrailles avec ses mains.

Hector n'a pas plus tôt aperçu son frère Polydore qui, étendu sur la terre, tenait encore ses entrailles, qu'aussitôt un nuage se répand sur ses yeux; il ne veut point rester plus longtemps à l'écart; mais, semblable à la flamme, il s'avance au-devant d'Achille, en brandissant un glaive à la pointe acérée. A peine Achille l'a-t-il aperçu, qu'il bondit et profère ces superbes paroles :

« Il est donc près de moi celui qui a porté à mon cœur un coup si terrible, celui qui a immolé mon compagnon chéri; nous cessons donc enfin de nous fuir à travers le champ de bataille. »

Il dit, et, jetant sur Hector un regard irrité, il lui adresse ces mots :

« Approche donc, afin que tu touches plus vite au terme fatal. »

Hector, au casque étincelant, lui répond sans s'émouvoir :

« Fils de Pélée, ne crois pas m'effrayer par tes paroles, comme si je n'étais qu'un faible enfant; je sais aussi prodiguer l'injure et l'ou-

ἀμφεκάλυψέ μιν,
λιασθεὶς δὲ ἔλαβε προτὶ οἷ
ἔντερα χερσίν.

Ὣς δὲ Ἕκτωρ
ἐνόησε κασίγνητον Πολύδωρον,
ἔχοντα ἔντερα χερσί,
λιαζόμενον προτὶ γαίῃ,
ἀχλὺς ῥα κατεχεύατο
ὀφθαλμῶν οἷ·
οὐδὲ ἔτλη ἔτι ἄρα
στρωφᾶσθαι δηρὸν ἑκάς,
ἀλλὰ ἦλθεν ἀντίος Ἀχιλῆι,
κραδάων δόρυ ὀξύ,
εἴκελος φλογί.
Αὐτὰρ ὡς Ἀχιλλεὺς εἶδεν,
ὣς ἀνέπαλτο,
καὶ εὐχόμενος ηὔδα ἔπος·

« Ἐγγὺς ἀνὴρ
ὃς ἐσεμάσσατο μάλιστά γε
ἐμὸν θυμόν,
ὃς ἔπεφνεν ἑταῖρον τετιμένον μοι·
οὐδὲ πτώσσοιμεν ἄρα ἀλλήλους
ἔτι δὴν
ἀνὰ γεφύρας πτολέμοιο. »
Ἦ,
καὶ προσεφώνεε δῖον Ἕκτορα
ἰδὼν ὑπόδρα·

« Ἴθι ἆσσον,
ὥς κεν ἵκηαι θᾶσσον
πείρατα ὀλέθρου. »
Ἕκτωρ δὲ κορυθαιόλος
οὐ ταρβήσας προσέφη τόν·

« Πηλείδη,
μὴ ἔλπεο δὴ δειδίξεσθαι
ἐπέεσσί γε
με, ὡς νηπύτιον·
ἐπεὶ αὐτὸς καὶ
οἶδα σάφα
μυθήσασθαι ἠμὲν κερτομίας
ἠδὲ αἴσυλα,

Or dès que Hector
eut aperçu son frère Polydore,
ayant *ses* entrailles dans *ses* mains,
étant penché vers la terre,
un nuage alors s'étendit
sur les yeux à lui ;
et il ne supporta plus donc
de rester longtemps loin,
mais il vint opposé à Achille,
brandissant une lance aiguë,
semblable à la flamme.
Mais dès que Achille *le* vit,
aussitôt il bondit,
et se glorifiant il dit *cette* parole :

« *Il est* près *de moi* l'homme
qui a ému très-fortement certes
mon cœur,
qui a tué un compagnon chéri de moi ;
et nous ne *nous* fuirons donc plus
encore longtemps   [l'un l'autre
à travers les sentiers de la guerre. »
Il dit,
et il parlait au divin Hector
*l'*ayant regardé en-dessous :

« Viens plus près,
afin que tu arrives plus vite
aux termes de la mort. »
Et Hector au-casque-varié
n'ayant pas tremblé dit-à lui :

« Fils-de-Pélée,
n'espère pas certes effrayer
par *les* paroles du moins
moi, comme un petit-enfant ;
puisque *moi*-même aussi
je sais bien
dire et des injures
et des choses blessantes.

Οἶδα δ' ὅτι σὺ μὲν ἐσθλὸς, ἐγὼ δὲ σέθεν πολὺ χείρων.

Ἀλλ' ἤτοι μὲν ταῦτα θεῶν ἐν γούνασι κεῖται,   435

αἴ κέ σε, χειρότερός περ ἐὼν, ἀπὸ θυμὸν ἕλωμαι,

δουρὶ βαλών· ἐπεὶ καὶ ἐμὸν βέλος ὀξὺ πάροιθεν. »

   Ἦ ῥα, καὶ ἀμπεπαλὼν προΐει δόρυ, καὶ τόγ' Ἀθήνη

πνοιῇ Ἀχιλλῆος πάλιν ἔτραπε κυδαλίμοιο,

ἧκα μάλα ψύξασα· τὸ δ' ἂψ ἵκεθ' Ἕκτορα δῖον,   440

αὐτοῦ δὲ προπάροιθε ποδῶν πέσεν. Αὐτὰρ Ἀχιλλεὺς

ἐμμεμαὼς ἐπόρουσε, κατακτάμεναι μενεαίνων,

σμερδαλέα ἰάχων· τὸν δ' ἐξήρπαξεν Ἀπόλλων

ῥεῖα μάλ', ὥστε θεὸς, ἐκάλυψε δ' ἄρ' ἠέρι πολλῇ.

Τρὶς μὲν ἔπειτ' ἐπόρουσε ποδάρκης δῖος Ἀχιλλεὺς   445

ἔγχεϊ χαλκείῳ· τρὶς δ' ἠέρα τύψε βαθεῖαν.

Ἀλλ' ὅτε δὴ τὸ τέταρτον ἐπέσσυτο, δαίμονι ἶσος,

δεινὰ δ' ὁμοκλήσας ἔπεα πτερόεντα προσηύδα·

trage. Je sais que tu es courageux, que je suis bien moins brave que
toi ; cependant nos destinées sont au pouvoir des dieux ; et peut-être,
quoique moins fort que toi, je t'arracherai la vie d'un coup de ma
lance ; mon trait aussi est garni d'une pointe acérée. »

   Il dit, et, brandissant son javelot, il le lance ; Minerve, d'un souffle doux et léger, détourne loin du glorieux Achille le trait qui va re-
tomber aux pieds du divin Hector. Achille s'élance furieux, impatient
d'immoler son ennemi, et poussant des cris horribles ; mais Apollon
enlève Hector sans peine (car Apollon est un dieu) et le cache au milieu d'un nuage épais. Trois fois le divin Achille aux pieds légers se
précipite avec son glaive d'airain ; trois fois il frappe les sombres
profondeurs du nuage. Lorsque pour la quatrième fois il s'élance,
semblable à un dieu, il fait entendre de sa voix redoutable ces paroles
qui volent rapides ;

Οἶδα δὲ ὅτι σὺ μὲν
ἐσθλὸς,
ἐγὼ δὲ πολὺ χείρων σέθεν.
Ἀλλὰ ἤτοι ταῦτα μὲν
κεῖται ἐν γούνασι θεῶν,
αἰ, ἐών περ χειρότερος,
ἀφέλωμαί κέ σε θυμὸν,
βαλὼν δουρί·
ἐπεὶ ἐμὸν βέλος καὶ ὀξὺ
πάροιθεν. »

Ἦ ῥα,
καὶ προΐει δόρυ ἀμπεπαλὼν,
καὶ Ἀθήνη ἔτραπε πάλιν
τόγε πνοιῇ
Ἀχιλλῆος κυδαλίμοιο,
γύξασα μάλα ἦκα·
τὸ δὲ
ἵκετο ἂψ
δῖον Ἕκτορα,
πέσε δὲ
προκάροιθε ποδῶν αὐτοῦ.
Αὐτὰρ Ἀχιλλεὺς
ἐπόρουσεν ἐμμεμαὼς,
μενεαίνων κατακτάμεναι,
ἰάχων σμερδαλέα·
Ἀπόλλων δὲ ἐξήρπαξε τὸν
μάλα ῥεῖα,
ὥστε θεὸς,
ἐκάλυψε δὲ ἄρα
ἠέρι πολλῇ.
Τρὶς μὲν ἔπειτα
δῖος Ἀχιλλεὺς ποδάρκης
ἐπόρουσεν ἔγχεϊ χαλκείῳ·
τρὶς δὲ τύψεν
ἠέρα βαθεῖαν.
Ἀλλὰ ὅτε δὴ ἐπέσσυτο
τὸ τέταρτον,
ἴσος δαίμονι,
ὁμοκλήσας δὲ δεινὰ
προσηύδα ἔπεα πτερόεντα·

Or je sais que toi à la vérité
tu es brave,
et que moi je suis bien inférieur à toi.
Mais certes ces choses à la vérité
reposent sur les genoux des dieux,
si, quoique étant inférieur,
j'enlèverai à toi le souffle-vital,
t'ayant frappé avec une lance ;
car mon trait aussi est aigu
par-devant (à la pointe). »
Il dit donc,
et il jetait sa lance l'ayant brandie,
et Minerve détourna en arrière
celle-ci par son souffle
loin d'Achille glorieux,
ayant soufflé très-doucement ;
et celle-ci (la lance)
vint en arrière (revint)
vers le divin Hector,
et tomba
devant les pieds de lui.
Mais Achille
s'élança plein-d'ardeur,
désirant-vivement le tuer,
poussant-des-cris horribles ;
mais Apollon enleva lui (Hector)
très-facilement,
comme (attendu qu'il était) un dieu,
et il le couvrit donc
d'un nuage grand.
Trois-fois à la vérité ensuite
le divin Achille aux-pieds-rapides
s'élança avec un glaive d'-airain ;
et trois-fois il frappa
un nuage profond (épais).
Mais lorsqu'enfin il se précipita
pour la quatrième fois,
pareil à un dieu,
alors ayant crié terriblement
il dit ces paroles ailées :

3.

« Ἐξ αὖ νῦν ἔφυγες θάνατον, κύον. Ἦ τί τοι ἄγχι
ἦλθε κακόν· νῦν αὖτέ σ᾽ ἐρύσσατο Φοῖβος Ἀπόλλων,   450
ᾧ μέλλεις εὔχεσθαι ἰὼν ἐς δοῦπον ἀκόντων.
Ἦ θήν σ᾽ ἐξανύω γε ', καὶ ὕστερον ἀντιβολήσας,
εἴ πού τις καὶ ἔμοιγε θεῶν ἐπιτάρροθός ἐστι.
Νῦν δ᾽ αὖ τοὺς ἄλλους ἐπιείσομαι, ὅν κε κιχείω. »

Ὣς εἰπὼν, Δρύοπ᾽ οὖτα κατ᾽ αὐχένα μέσσον ἄκοντι·   455
ἤριπε δὲ προπάροιθε ποδῶν. Ὁ δὲ τὸν μὲν ἔασε·
Δημοῦχον δὲ Φιλητορίδην, ἠΰν τε μέγαν τε,
κὰγ γόνυ δουρὶ βαλὼν ἠρύκακε· τὸν μὲν ἔπειτα
οὐτάζων ξίφεϊ μεγάλῳ, ἐξαίνυτο θυμόν.
Αὐτὰρ ὁ Λαόγονον καὶ Δάρδανον, υἷε Βίαντος,   460
ἄμφω ἐφορμηθεὶς ἐξ ἵππων ὦσε χαμᾶζε,
τὸν μὲν δουρὶ βαλὼν, τὸν δὲ σχεδὸν ἄορι τύψας.
Τρῶα δ᾽ Ἀλαστορίδην· ὁ μὲν ἀντίος ἦλθε, γούνων,

« Impudent, tu viens encore d'échapper à la mort; le malheur t'a
menacé de près! Tu dois encore aujourd'hui ton salut à Phébus
Apollon, que tu vas implorer, lorsque tu affrontes le sifflement des
traits! Oui, si je te rencontre une autre fois, je te donnerai la mort,
pourvu que les dieux me soient propices. Maintenant je vais attaquer
tous ceux que je pourrai atteindre. »

A ces mots, il frappe de sa javeline, au milieu du cou, Dryope qui
tombe à ses pieds. Achille l'abandonne; puis il atteint au genou Démuque, fils de Philétor, brave et généreux guerrier dont il réprime
l'ardeur, et de son glaive redoutable il lui arrache la vie. Ensuite il
s'élance et renverse à terre de leurs chars les fils de Bias, Laogonus
et Dardanus, l'un qu'il a atteint de son javelot, et l'autre qu'il a frappé
de son glaive. Tros, fils d'Alastor, vient au-devant d'Achille, se jette

« Νῦν αὖ
ἐξέφυγες θάνατον, κύον.
Ἦ τε κακὸν
ἦλθέ τοι ἄγχι·
νῦν αὖτε Φοῖβος Ἀπόλλων,
ᾧ μέλλεις εὔχεσθαι
ἰὼν ἐς ὅοῦπον ἀκόντων,
ἐρύσσατό σε.
Ἦ θην ἐξανύω σέ γε,
ἀντιβολήσας καὶ ὕστερον,
εἴ πού τις θεῶν
ἐστὶν ἐπιτάρροθος καὶ ἔμοιγε.
Νῦν δὲ αὖ
ἐκείσομαι τοὺς ἄλλους,
ὃν κε κιχείω. »
Εἰπὼν ὥς,
οὖτα Δρύοπα ἄκοντι
κατὰ αὐχένα μέσσον·
ἤριπε δὲ προκάροιθε ποδῶν.
Ὁ δὲ
ἔασε τὸν μὲν·
ἠρύκακε δὲ Δημοῦχον
Φιλητορίδην,
ἠΰν τε μέγαν τε,
βαλὼν κὰγ γόνυ δουρί·
ἔπειτα μὲν οὐτάζων τὸν
ξίφει μεγάλῳ,
ἐξαίνυτο θυμόν.
Αὐτὰρ ὁ
ὦσεν ἐξ ἵππων χαμᾶζε
Λαόγονον καὶ Δάρδανον,
υἷε Βίαντος,
ἐφορμηθεὶς ἄμφω,
βαλὼν μὲν τὸν δουρί,
τύψας δὲ τὸν σχεδὸν
ἄορι.
Τρῶα δὲ Ἀλαστορίδην·
ὁ μὲν
ἤλυθεν ἀντίος,
λαβὼν γούνων,

« Maintenant de nouveau
tu as échappé à la mort, chien.
Et certes le malheur
est venu à toi de près;
maintenant encore Phébus Apollon,
auquel tu vas adresser-des-vœux
étant allé vers le bruit des javelots,
a arraché toi *au péril.*
Oui certes j'achèverai toi du moins,
t'ayant rencontré même plus tard,
si toutefois quelqu'un des dieux
est auxiliaire aussi à moi.
Et maintenant encore
je poursuivrai les autres,
celui que j'aurai atteint. »
Ayant dit ainsi,
il frappa Dryope avec un javelot
sur le cou au-milieu;
et *celui-ci* tomba devant *ses* pieds.
Or lui (Achille)
abandonna celui-ci à la vérité;
et il arrêta Démuque
fils-de-Philétor,
et courageux et grand,
l'ayant frappé au genou avec *sa* lance;
ensuite à la vérité frappant lui
avec un glaive grand,
il *lui* enleva le souffle-vital.
Et lui-même
précipita de *leurs* chevaux à terre
Laogonus et Dardanus,
fils de Bias,
s'étant élancé-contre tous-deux,
ayant atteint l'un avec une lance,
et ayant frappé l'autre de près
avec un glaive.
Il frappe encore Tros fils-d'Alastor;
celui-ci à la vérité
vint au-devant-de *lui*,
t'ayant pris par les genoux,

.εἴ πώς εὖ περίδοιτο, λαβὼν, καὶ ζωὸν ἀφείη,
μηδὲ κατακτείνειεν, ὁμηλικίην ἐλεήσας·   465
νήπιος! οὐδὲ τὸ ᾔδη, ὃ οὐ πείσεσθαι ἔμελλεν·
οὐ γάρ τι γλυκύθυμος ἀνὴρ ἦν, οὐδ᾽ ἀγανόφρων,
ἀλλὰ μάλ᾽ ἐμμεμαώς. Ὁ μὲν ᾔπτετο χείρεσι γούνων,
ἱέμενος λίσσεσθ᾽, ὁ δὲ φασγάνῳ οὖτα καθ᾽ ἧπαρ·
ἐκ δέ οἱ ἧπαρ ὄλισθεν, ἀτὰρ μέλαν αἷμα κατ᾽ αὐτοῦ   470
κόλπον ἐνέπλησεν, τὸν δὲ σκότος ὄσσε κάλυψε,
θυμοῦ δευόμενον. Ὁ δὲ Μούλιον οὖτα παραστὰς
δουρὶ κατ᾽ οὖς· εἶθαρ δὲ δι᾽ οὔατος ἦλθ᾽ ἑτέροιο
αἰχμὴ χαλκείη· ὁ δ᾽ Ἀγήνορος υἱὸν, Ἔχεκλον,
μέσσην κὰκ κεφαλὴν ξίφει ἤλασε κωπήεντι·   475
πᾶν δ᾽ ὑπεθερμάνθη ξίφος αἵματι· τὸν δὲ κατ᾽ ὄσσε
ἔλλαβε πορφύρεος θάνατος καὶ Μοῖρα κραταιή.
Δευκαλίωνα δ᾽ ἔπειθ᾽, ἵνα τε ξυνέχουσι τένοντες
ἀγκῶνος, τῇ τόνγε φίλης διὰ χειρὸς ἔπειρεν
αἰχμῇ χαλκείῃ· ὁ δέ μιν μένε χεῖρα βαρυνθείς,   480

à ses genoux, le conjure de lui laisser la vie, de ne pas immoler un guerrier du même âge que lui. L'insensé! Il ne savait pas qu'Achille était inexorable. C'était un héros dont l'âme, loin d'être accessible à la douceur et à la bonté, était violente et emportée. Tros lui embrasse les genoux et le supplie; de son glaive, Achille le frappe au sein; le foie s'échappe par la blessure; un sang noir inonde sa poitrine; son cœur l'abandonne, et les ténèbres obscurcissent ses yeux. Achille s'approche de Mulius et le frappe à l'oreille avec sa lance; à l'instant la pointe d'airain ressort par l'autre oreille. Ensuite il enfonce son glaive jusqu'à la garde dans la tête d'Échéclus, fils d'Agénor; l'arme tout entière est tiède de sang; la sombre mort et la Parque impitoyable voilent les yeux du guerrier. Puis il atteint Deucalion, et la pointe d'airain pénètre à travers le bras jusqu'à l'endroit où les muscles se réunissent; Deucalion reste immobile, le bras appesanti, en voyant la

εἴ πως	pour voir si de-quelque-manière
περιδοίτό εὑ,	il épargnerait lui,
καὶ ἀφείη ζωὸν,	et *le* laisserait-aller vivant,
μηδὲ κατακτείνειεν,	et ne *le* tuerait pas,
ἐλεήσας ὁμηλικίην·	ayant pris-en-pitié *son* âge-égal;
νήπιος! οὐδὲ ἤδη τό,	insensé! il ne savait pas cela,
ὃ οὐκ ἔμελλε πείσεσθαι·	qu'il ne devait pas *le* persuader;
ἦν γὰρ ἀνὴρ	car *Achille* était un homme
οὔτι γλυκύθυμος,	nullement d'un-cœur-doux
οὐδὲ ἀγανόφρων,	ni d'une-humeur-facile,
ἀλλὰ μάλα ἐμμεμαώς.	mais tout plein-d'ardeur (violent).
Ὁ μὲν	Celui-ci (Tros) à la vérité
ἥπτετο γούνων χείρεσιν,	lui touchait les genoux avec les mains,
ἱέμενος λίσσεσθαι,	désirant *le* supplier,
ὁ δὲ οὖτα κατὰ ἧπαρ	et lui (Achille) *le* frappa au foie
φασγάνῳ·	avec *son* glaive;
ἧπαρ δὲ ἐξόλισθέν οἱ,	or le foie s'échappa à lui,
ἀτὰρ αἷμα μέλαν κατὰ αὐτοῦ	et un sang noir *sorti* de celui-ci
ἐνέπλησε κόλπον,	remplit *son* sein,
σκότος δὲ κάλυψεν ὄσσε	et l'obscurité couvrit *quant aux* yeux
τὸν, δευόμενον θυμοῦ.	lui, privé du souffle-vital.
Παραστὰς δὲ	Et se tenant-tout-près
ὁ οὖτα Μούλιον κατὰ οὖς	il frappa Mulius à l'oreille
δουρί·	avec *sa* lance;
εἶθαρ δὲ αἰχμὴ χαλκείη	et aussitôt la pointe d'-airain
ἦλθε διὰ ἑτέροιο οὔατος·	vint à travers l'autre oreille;
ὁ δὲ ἤλασε κὰκ κεφαλὴν μέσσην	et il frappa à la tête au-milieu
ξίφει κωπήεντι	avec une épée munie-d'une-garde
Ἔχεκλον, υἱὸν Ἀγήνορος·	Échéclus, fils d'Agénor;
ξίφος δὲ πᾶν	et l'épée entière
ὑπεθερμάνθη αἵματι·	devint-chaude de sang;
θάνατος δὲ πορφύρεος	et la mort sombre
καὶ Μοῖρα κραταιὴ	et la Destinée violente
κατέλλαβε τὸν ὄσσε.	s'empara de lui *quant aux* yeux.
Ἔπειτα δὲ Δευκαλίωνα,	Et ensuite *quant à* Deucalion,
τόνγε ἔπειρεν αἰχμῇ χαλκείη	il le perça avec *sa* pointe d'-airain
διὰ φίλης χειρὸς	à travers *sa* main
τῇ, ἵνα τε ξυνέχουσι	là, où se réunissent
τένοντες ἀγκῶνος·	les nerfs du coude;
ὁ δὲ μένε μιν	et celui-ci attendait lui (Achille)

πρόσθ' ὁρόων θάνατον· ὁ δὲ φασγάνῳ αὐχένα θείνας
τῆλ' αὐτῇ πήληκι κάρη βάλε· μυελὸς αὖτε
σφονδυλίων ἔκπαλθ'· ὁ δ' ἐπὶ χθονὶ κεῖτο τανυσθείς.
Αὐτὰρ ὁ βῆ ῥ' ἰέναι μετ' ἀμύμονα Πείρεω υἱὸν,   185
Ῥίγμον, ὃς ἐκ Θρῄκης ἐριβώλακος εἰληλούθει·
τὸν βάλε μέσσον ἄκοντι, πάγη δ' ἐν πνεύμονι χαλκός·
ἤριπε δ' ἐξ ὀχέων. Ὁ δ' Ἀρηΐθοον θεράποντα,
ἂψ ἵππους στρέψαντα, μετάφρενον ὀξεῖ δουρὶ
νύξ', ἀπὸ δ' ἅρματος ὦσε· κυκήθησαν δέ οἱ ἵπποι.

Ὡς δ' ἀναμαιμάει βαθέ' ἄγκεα θεσπιδαὲς πῦρ   190
οὔρεος ἀζαλέοιο, βαθεῖα δὲ καίεται ὕλη,
πάντη τε κλονέων ἄνεμος φλόγα εἰλυφάζει·
ὣς ὅγε πάντη θῦνε σὺν ἔγχεϊ, δαίμονι ἶσος,
στεινομένους ἐρέπων· ῥέε δ' αἵματι γαῖα μέλαινα.
Ὡς δ' ὅτε τις ζεύξῃ βόας ἄρσενας εὐρυμετώπους,   195
τριβέμεναι κρῖ λευκὸν ἐϋκτιμένῃ ἐν ἀλωῇ·
ῥίμφα τε λέπτ' ἐγένοντο βοῶν ὑπὸ πόσσ' ἐριμύκων·

mort devant lui. Achille lui tranche le cou avec son épée et fait voler au loin la tête avec le casque; la moelle jaillit des vertèbres, et le
corps reste étendu sur le sol. Il court ensuite attaquer le fils irréprochable de Pirée, Rhigmus, qui était venu des contrées fertiles de la
Thrace; il le frappe de son javelot au milieu du corps; l'airain péné-
tre jusque dans le poumon, et le guerrier tombe de son char. Au moment où son écuyer Aréithoüs tournait les chevaux pour fuir, Achille
lui lance un trait aigu qui l'atteint entre les épaules, et le précipite
de son char; les coursiers s'emportent épouvantés.

De même que, dans les profondes vallées d'une montagne aride,
sévit avec violence un feu terrible qui consume une vaste forêt, et
dont la flamme tourbillonne au gré des vents : de même Achille, semblable à un dieu, promène partout sa fureur, une lance à la main,
immolant des guerriers; la terre est inondée d'un sang noir. Lorsqu'un laboureur a réuni sous le joug deux taureaux au large front,
pour broyer l'orge blanche sur le sol d'une aire spacieuse, les grains
s'échappent des épis sous les pieds des bœufs mugissants : ainsi,

βαρυνθεὶς χεῖρα,
ὁρόων θάνατον πρόσθεν·
ὁ δὲ θείνας αὐχένα
φασγάνῳ,
βάλε κάρη τῆλε
πήληκι αὐτῇ·
αὖτε μυελὸς
ἔκπαλτο σφονδυλίων·
ὁ δὲ κεῖτο
τανυσθεὶς ἐπὶ χθονί.
Αὐτάρ ῥα ὁ βῆ ἰέναι
μετὰ ἀμύμονα υἱὸν Πείρεω,
Ῥίγμον, ὃς εἰληλούθει
ἐκ Θρῄκης ἐριβώλακος·
βάλε τὸν μέσσον
ἔχοντι,
χαλκὸς δὲ πάγη ἐν πνεύμονι·
ἤριπε δὲ ἐξ ὀχέων.
Ὁ δὲ νύξε μετάφρενον
δουρὶ ὀξέι
θεράποντα Ἀρηίθοον,
ὅς δὲ ἀπὸ ἄρματος·
ἵπποι δέ οἱ κυκήθησαν.
Ὡς δὲ πῦρ θεσπιδαὲς
ἀναμαιμάει
ἄγκεα βαθέα
οὔρεος ἀζαλέοιο,
ὕλη δὲ βαθεῖα καίεται,
ἄνεμός τε εἰλυφάζει φλόγα
κλονέων πάντη·
ὣς ὅγε, ἶσος δαίμονι,
θῦνε σὺν ἔγχει,
ἐπέκων στεινομένους·
γαῖα δὲ ῥέε μέλαινα αἵματι.
Ὡς δὲ ὅτε τις ζεύξῃ
βόας ἄρσενας εὐρυμετώπους,
τριβέμεναι κρῖ λευκὸν
ἐν ἀλωῇ ἐϋκτιμένῃ·
ῥίμφα τε
ἐγένοντο λεπτὰ

ayant été appesanti quant à la main,
voyant la mort devant lui;
et lui (Achille) ayant frappé le cou
avec un glaive,
jeta la tête au loin
avec le casque lui-même;
et la moelle
jaillit des vertèbres;
et celui-ci (Deucalion) fut-gisant
ayant été étendu sur terre.
Ensuite donc il marcha pour aller
vers l'irréprochable fils de Pirée,
Rhigmus, qui était venu
de la Thrace aux-mottes-fertiles;
il atteignit lui au-milieu
avec un javelot,
et l'airain s'enfonça dans le poumon;
et Rhigmus tomba de son char.
Et lui (Achille) frappa dans le dos
avec une lance aiguë
son serviteur Aréithoüs,
et le renversa du char;
et les chevaux à lui furent troublés.
Or de même qu'un feu violent
éclate-avec-fureur
dans les vallées profondes
d'une montagne aride,
alors la forêt profonde brûle,
et le vent fait-tournoyer la flamme
en la poussant de-tous-côtés:
de même celui-ci, pareil à un dieu,
s'élançait-furieux avec sa lance,
poursuivant les Troyens refoulés;
et la terre ruisselait noire de sang.
Or comme lorsque quelqu'un a attelé
ses bœufs mâles au-front-large,
pour broyer l'orge blanche
dans une aire bien-établie;
alors aussitôt les épis d'orge
sont devenus minces (sont broyés)

ὡς ὑπ' Ἀχιλλῆος μεγαθύμου¹ μώνυχες ἵπποι
στεῖβον ὁμοῦ νέκυάς τε καὶ ἀσπίδας· αἵματι δ' ἄξων
νέρθεν ἅπας πεπάλακτο, καὶ ἄντυγες αἱ περὶ δίφρον,   500
ἃς ἄρ' ἀφ' ἱππείων ὁπλέων ῥαθάμιγγες ἔβαλλον,
αἵ τ' ἀπ' ἐπισσώτρων· ὁ δὲ ἵετο κῦδος ἀρέσθαι
Πηλείδης, λύθρῳ δὲ παλάσσετο χεῖρας ἀάπτους.

poussés par le magnanime Achille, les vigoureux coursiers foulent
sous leurs pas les cadavres et les boucliers. L'essieu tout entier et les
rampes qui entourent le siége sont souillés par le sang que font
jaillir les pieds des chevaux et les cercles des roues. Le fils de Pélée
veut se couvrir de gloire; ses mains invincibles sont tachées de sang
et de poussière.

ὑπὸ ποσσὶ βοῶν ἐριμύκων·
ὡς ἵπποι μώνυχες
ὑπὸ μεγαθύμου Ἀχιλλῆος
στεῖβον ὁμοῦ
νέκυάς τε καὶ ἀσπίδας·
ἄξων δὲ ἅπας
πεπάλακτο αἵματι νέρθεν,
καὶ ἄντυγες
αἱ περὶ δίφρον,
ἃς ἄρα ῥαθάμιγγες
ἀπὸ ὁπλέων ἱππείων,
αἵ τε ἀπὸ ἐπισσώτρων,
ἔβαλλον·
ὁ δὲ Πηλείδης ἵετο
ἀρέσθαι κῦδος,
παλάσσετο δὲ
λύθρῳ
χεῖρας ἀάπτους.

sous les pieds des bœufs mugissants:
ainsi les chevaux au-dur-sabot
poussés par le magnanime Achille
foulaient-aux-pieds en-même-temps
et les cadavres et les boucliers;
et l'essieu tout-entier
était souillé de sang en-dessous,
ainsi-que les cercles
ceux autour du siége,
lesquels les gouttes *de sang*
jaillissant des sabots des-chevaux,
et celles *jaillissant* des cercles-de-fer
frappaient (éclaboussaient);
or le fils-de-Pélée désirait
remporter de la gloire,
et il était souillé
de poussière-ensanglantée
quant à ses mains invincibles.

NOTES

SUR LE VINGTIÈME CHANT DE L'ILIADE.

Page 10 : 1. Ἔλλειψεν δ' ὑπένερθεν............

Virgile imite ainsi ce passage :

> Non secus ac si quâ penitus vi terra dehiscens
> Infernas reseret sedes, et regna recludat
> Pallida, Dis invisa, superque immane barathrum
> Cernatur, trepidentque immisso lumine Manes.
>
> (VIRG., *Énéide*, VIII, 243.)

Ovide a dit avec autant d'énergie :

> Inde tremit tellus ; et rex pavet ipse silentûm,
> Ne pateat latoque solum retegatur hiatu,
> Immissusque dies trepidantes terreat umbras.
>
> (OVIDE, *Métamorphoses*, V, 356.)

Boileau en a donné une imitation qui paraît faible à côté de l'original :

> L'enfer s'émeut au bruit de Neptune en furie ;
> Pluton sort de son trône, il pâlit, il s'écrie ;
> Il a peur que ce dieu, dans cet affreux séjour,
> D'un coup de son trident ne fasse entrer le jour,
> Et, par le centre ouvert de la terre ébranlée,
> Ne fasse voir du Styx la rive désolée,
> Ne découvre aux vivants cet empire odieux,
> Abhorré des mortels et craint même des dieux.

Page 20 : 1. Ὣς ἄρα φωνήσα;,...............

Neptune, irrité contre Laomédon, envoya un monstre marin que tua l'intrépide Hercule. Voici comment Valérius Flaccus raconte le fait :

> Stat mediis elatus aquis, recipitque ruentem
> Alcides, saxoque prior surgentia colla
> Obruit ; hinc vastos nodosi roboris ictus
> Congeminat. Fluctus defertur bellua in imos.
>
> (VAL. FLAC., *Argonautiques*, II, 532.)

— **2.** Καλλικολώνη, Callicoloné, superbe colline qui s'élève dans la Troade auprès du Simoïs. R. κάλλος, κολώνη.

Page 22 : 1. .... λέων ὣς
σίντης, ὅντε καὶ ἄνδρες............

> Pœnorum qualis in arvis
> Saucius ille gravi venantûm vulnere pectus,
> Tum demum movet arma leo, gaudetque comantes
> Excutiens cervice toros, fixumque latronis
> Impavidus frangit telum, et fremit ore cruento.
>
> (VIRG., *Énéide*, XII, 4.)

Sicut squalentibus arvis
Æstiferæ Libyes viso leo comines hoste
Subsedit dubius, totam dum colligit iram :
Mox ubi se sævæ stimulavit verbere caudæ,
Erexitque jubam, et vasto grave murmur hiatu
Infremuit, tum torta levis si lancea Mauri
Hæreat, aut latum subeant venabula pectus,
Per ferrum tanti securus vulneris exit.

(Lucain, *Pharsale*, I, 205.)

Page 30 : 1. Αἳ δ' ὅτε μὲν σκιρτῷεν..........

Virgile a imité ce passage avec une rare perfection, lorsqu'il peint la légèreté de Camille, reine des Volsques :

Illa vel intactæ segetis per summa volaret
Gramina, nec teneras cursu læsisset aristas;
Vel mare per medium, fluctu suspensa tumenti,
Ferret iter, celeres nec tingeret æquore plantas.

(Virg., *Énéide*, VII, 808.)

Page 32 : 1. ...... ἐπέων δὲ πολὺς νομὸς ἔνθα καὶ ἔνθα.

Un vaste champ est ouvert aux discussions.

Nous avons suivi le dictionnaire des Homérides qui explique ainsi ce vers : litt. *Il y a d'un côté et de l'autre une riche pâture de mots, c'est-à-dire une ample moisson de paroles à faire, un vaste champ pour discourir; le sujet prête de part et d'autre*, et non : *les paroles s'égarent çà et là, vont de côté et d'autre.* D'autres accentuent νόμος.

Ἀχρεῖος δ' ἔσται ἐπέων νομός. ....

(Hésiode, *les Œuvres et les Jours*, 403.)

Page 42 : 1. ἔνθα δὲ Καύκωνες πόλεμον μέτα θωρήσσοντο.

..... *où les Caucones s'armaient pour le combat.*

Les Caucones venaient de la Paphlagonie ; ils s'établirent sur la côte occidentale du Péloponnèse, c'est-à-dire dans l'Élide et la Triphylie, changeant souvent de demeure et baissant toujours vers le Sud.

Page 46 : 1. ὑσμίνης στόμα, *os belli, la gueule, le gouffre de la guerre personnifiée, poét. pour la guerre dévorante.* On dirait en latin *acies, frons.*

Page 48 : 1. Τῷ δ' ἐγὼ ἀντίος εἶμι, καὶ εἰ πυρὶ χεῖρας ἔοικεν, εἰ πυρὶ χεῖρας ἔοικε, μένος δ' αἴθωνι σιδήρῳ. »

Aussi je cours à sa rencontre, quand même ses mains auraient la rapidité de la flamme, oui, quand même ses mains auraient la rapidité de la flamme et la force du fer étincelant.

De même, Turnus s'offre seul pour combattre son rival :

> Ibo animis contra; vel magnum præstet Achillem,
> Factaque Vulcani manibus paria induat arma
> Ille licet.........
>
> (VIRG., Énéide, XI, 438.)

Page 50 : 1. τὸν δ' ἰθὺς μεμαῶτα βάλ' ἔγχεϊ δῖος Ἀχιλλεὺς
μέσσην κὰκ κεφαλήν· ἡ δ' ἀνδίχα πᾶσα κεάσθη.

*Au moment où il s'élance, le divin Achille le frappe au milieu
du front; la tête se fend et se sépare.*

A la mort d'Iphition correspond celle de Pandarus qu'immole le
valeureux Turnus :

> Sic ait, et sublatum alte consurgit in ensem,
> Et mediam ferro gemina inter tempora frontem
> Dividit, impubesque immani vulnere malas.
> Fit sonus; ingenti concussa est pondere tellus.
>
> (VIRG., Énéide, IX, 748.)

— 2. Λίμνη Γυγαίη, *le lac Gygéen,* en Lydie, au pied du Tmolus,
à quarante stades de Sardes.

Page 52 : 1. Αὐτὰρ ὁ βῆ σὺν δουρὶ...........

La mort de Polydore, fils de Priam, est différemment racontée par
Virgile :

> Hunc Polydorum auri quondam cum pondere magno
> Infelix Priamus furtim mandârat alendum
> Threïcio regi, quum jam diffideret armis
> Dardaniæ, cingique urbem obsidione videret.
> Ille, ut opes fractæ Teucrûm, et fortuna recessit,
> Res Agamemnonias victriciaque arma secutus,
> Fas omne abrumpit; Polydorum obtruncat, et auro
> Vi potitur.
>
> (VIRG., Énéide, III, 49.)

Page 53 : 1. Ἐξανύω pour ἐξανύσω, *perficiam, perficiam ;* nous
disons de même en français *achever.*

Page 64 : 1. δὲ ὑπ' Ἀχιλῆος μεγαθύμου...........

> Talis equus celer media inter prœlia Turnus
> Fumantes sudore quatit, miserabile cæsis
> Hostibus insultans; spargit rapida ungula rores
> Sanguineos, mixtâque cruor calcatur arenâ.
>
> (VIRG., Énéide, XII, 337.)

Contraste insuffisant

NF Z 43-120-14

www.ingramcontent.com/pod-product-compliance
Lightning Source LLC
LaVergne TN
LVHW022016080426
835513LV00009B/749